WLADIMIR KAMINER

# Küche totalitär

Das Kochbuch des Sozialismus
Von Wladimir und Olga Kaminer

*Buch*

Babuschkas, Balalaikas und der Kreml – das fällt jedem beim Stichwort Russland sofort ein. Aber wie steht es mit Chartscho, Rudelki und Lazat? Es handelt sich hierbei um kulinarische Köstlichkeiten, von denen niemand in Deutschland je gehört hat. Während andere Länder unsere Töpfe und Pfannen längst mit ihren Spezialitäten erobert haben, ist Russland ein weißer Fleck auf der Speisekarte. Wladimir Kaminer schafft hier endlich Abhilfe, denn immerhin hat er die sowjetische Küche, den Gaumenkitzel des Totalitarismus, zwanzig Jahre lang ausgelöffelt. Bei seinem Streifzug durch diese einzigartige Cuisine werden auch die einzelnen Republiken kurz vorgestellt, ihre Historie und ihre Charakteristika gewürdigt – vom gastfreundlichen Armenien bis zum waldig-versumpften Weißrussland. Im Mittelpunkt der Geschichten steht allerdings immer eine unvergessliche Begegnung mit der jeweiligen Küche der Region. Dazu gibt es natürlich die passenden Rezepte, für deren Kochbarkeit Olga Kaminer ihre Hand ins Herdfeuer legt.

**Wladimir Kaminer** wurde 1967 in Moskau geboren und lebt seit 1990 in Berlin. Kaminer veröffentlicht regelmäßig Texte in verschiedenen Zeitungen und Zeitschriften und organisiert Veranstaltungen wie seine mittlerweile international berühmte »Russendisko«. Mit der gleichnamigen Erzählsammlung sowie zahlreichen weiteren Büchern avancierte er zu einem der beliebtesten und gefragtesten Autoren in Deutschland.

**Olga Kaminer** wurde auf Sachalin geboren und zog mit sechzehn Jahren nach Leningrad, wo sie Chemie studierte. 1990 wanderte sie nach Deutschland aus; heute lebt sie mit ihrem Mann Wladimir Kaminer und ihren beiden Kindern in Berlin. 2005 erschien ihr Erzählungsband »Alle meine Katzen«.

Von Wladimir Kaminer außerdem bei Goldmann lieferbar:

Russendisko. Erzählungen (54175) · Frische Goldjungs. Hrsg. Von Wladimir Kaminer. Erzählungen von Wladimir Kaminer, Falko Hennig, Jochen Schmidt u.v.a. (54162) · Militärmusik. Roman (45570) · Schönhauser Allee. Erzählungen (54168) · Die Reise nach Trulala. Erzählungen (45721) · Helden des Alltags. Erzählungen (mit Fotos von Helmut Höge, 54183) · Mein deutsches Dschungelbuch. Erzählungen (45945) · Ich mache mir Sorgen, Mama. Erzählungen (46182) · Karaoke. Erzählungen (54243) · Ich bin kein Berliner. Ein Reiseführer für faule Touristen (54240) · Mein Leben im Schrebergarten (gebundene Ausgabe, 54618)

# Wladimir Kaminer

## Küche totalitär

### Das Kochbuch des Sozialismus
### Von Wladimir und Olga Kaminer

Mit Zeichnungen von Vitali Konstantinov

**GOLDMANN**
MANHATTAN

Die Originalausgabe erschien 2006 unter dem Titel
»Küche totalitär – Das Kochbuch des Sozialismus
von Wladimir und Olga Kaminer«
im Manhattan Verlag, München,
in der Verlagsgruppe Random House GmbH

Verlagsgruppe Random House FSC-DEU-0100
Das FSC-zertifizierte Papier *München Super* für Taschenbücher
aus dem Goldmann Verlag liefert Mochenwangen Papier

1. Auflage
Genehmigte Taschenbuchausgabe November 2007
Copyright © der Originalausgabe 2006
by Wladimir Kaminer
Copyright © dieser Ausgabe 2006
by Wilhelm Goldmann Verlag, München,
in der Verlagsgruppe Random House GmbH
Umschlaggestaltung: Design Team München
Illustrationen und Titelbild © Vitali Konstantinov,
Agentur Susanne Koppe
AB · Herstellung: Str.
Druck und Bindung: GGP Media GmbH, Pößneck
Printed in Germany
ISBN: 978-3-442-54257-4

www.goldmann-verlag.de

# Inhaltsangabe

Einleitung .............................. 7

**Armenien** ............................ 15
Kottbusser Lamm ...................... 20
Armenische Küche ..................... 27

**Weißrussland** ........................ 33
Bratkartoffeln ......................... 40
Weißrussische Küche .................. 45

**Georgien** ............................. 51
Chartscho ............................. 58
Georgische Küche ..................... 64

**Ukraine** ............................. 69
Die Besonderheiten der
ukrainischen Hochzeit ................. 76
Ukrainische Küche .................... 81

## Inhaltsangabe

**Aserbaidschan** .......................... 87
Lula Kebap .............................. 93
Aserbaidschanische Küche ................ 99

**Sibirien** ............................... 103
Beeren und Bären ....................... 112
Sibirische Küche ........................ 118

**Usbekistan** ............................ 123
Drogen aus Usbekistan .................. 131
Usbekische Küche ....................... 137

**Lettland** .............................. 143
Der Puddingtransport ................... 151
Lettische Küche ........................ 157

**Tatarstan** ............................. 163
Der kahle Dichter ...................... 171
Tatarische Küche ....................... 179

**Südrussland** ........................... 183
Fünf Hühner im Schmand ................. 190
Südrussische Küche ..................... 196

Anlage I: *Echte Russen mögen keinen Kaviar* .... 203
Anlage II: *Mutters Küche* ................. 208
Anlage III: *Wodka* ....................... 214

Dank .................................... 223

# Einleitung

Es gibt in Deutschland wenig Lokale, die russische Küche anbieten. Sie locken die Kundschaft mit solch ausgefallenen Gerichten wie »Hering mit Apfel« und »Russisch-Spätzle« an, und viele Touristen fallen darauf herein. Aber mir können sie nichts vormachen. Ich kenne die russische Küche sehr gut, ich bin mit ihr groß geworden und habe sie zwanzig Jahre lang ausgelöffelt – im Kindergarten, in der Schulkantine und zu Hause. Die russische Küche ist einfach und sättigend. Sie besteht aus fünf Gerichten mit Variationen, die nur einem Zweck dienen: den Magen schnell zu füllen. Zum Verwöhnen war bei uns die sowjetische Küche bestimmt, dieser Gaumenkitzel des Totalitarismus. Systematisch hatte sie ein halbes Jahrhundert lang aus allen fünfzehn Republiken der Sowjetunion die besten Kochrezepte herausgelutscht, um all diese Küchen zu einer zu bündeln: die scharfe kaukasische, die milchige ukrainische, die exotische asiatische, die gesunde baltische und ein Dutzend anderer dazu.

Diese Küche würde bestimmt großen Erfolg in Deutschland haben, wenn die Russen nicht so faul wären. Aber der Restaurantbetrieb gilt hier als komplizierte Branche. Ein gutes Lokal zu unterhalten bedeutet viel Stress und wenig Gewinn. Meine Landsleute entscheiden sich lieber für wenig Stress und noch weniger Gewinn, eröffnen Sushi-Bars mit fertigen Küchenausstattungen aus Amerika und falschen Japanern aus Burjatien hinter dem Tresen. Nur manchmal entscheiden sie sich für ganz viel Stress mit ganz viel Gewinn, aber solche Geschäfte sind meist nicht gastronomischer Natur.

Deswegen wird die russische Küche in Deutschland in erster Linie von Deutschen gemacht, die einen Russenknall haben, eine hier zu Lande inzwischen weit verbreitete modische Abweichung vom mitteldeutschen Mainstream. Der Russenknall erklärt sich ganz einfach: Entweder hat die betreffende Person in Russland studiert oder dort an einer Eisenbahnlinie mitgebaut oder hier oder dort eine Russin geheiratet.

Nicht selten treffen alle drei Gründe gleichzeitig auf die betreffende Person zu, weil Russland nach wie vor den Gesetzen des Diamat, des dialektischen Materialismus, unterliegt. Nichts entwickelt sich dort einfach so, sondern das eine dialektisch aus dem anderen. Wenn ein Deutscher in Russland zum Beispiel mit dem Studium anfängt, dann ist auch die Eisenbahn mit abschließender Heirat nicht weit. Fängt er dagegen bei der Eisenbahn an, dann ist ein Studium mit Heirat quasi vorprogrammiert. Egal, wie es anfängt, es läuft immer auf das Gleiche hinaus: Man bekommt einen Russenknall.

Wenn die betreffende Person nach Hause zurückkehrt, pachtet sie eine stadttypische Eckkneipe, dekoriert sie mit hundert Holzpuppen und Wodkaflaschen, nennt sie »Balalaika«, »Samowar« oder ganz ausgefallen »Perestroika« und lässt die Ehefrau kochen: Bortsch, Pelmenis und Kaliningrader Klopse zu Wodka – das ist die russische Küche in Deutschland.

Die echte russische Küche, mit Singen und Hopsen statt Klopsen findet bei uns in Berlin unter Ausschluss der Öffentlichkeit statt, in einem fast schon untergründigen Lokal am Ende des Kudamms, neben einer Tankstelle und einer Brücke. Wenn man an diesem Laden vorbeigeht, sieht man nur eine allein stehende Baracke mit geschwärzten undurchsichtigen Schaufenstern. Man würde das protzige Innere dahinter nicht vermuten. Die meiste Zeit hat das Restaurant geschlossen, aber an manchem Samstag zu später Stunde wundert sich der zufällige Passant über die verschwitzten russischen Männer in schicken Anzügen und die aufgehübschten Damen in Abendkleidern, die mit lautem Lachen aus dem Innern des Lokals an die frische Luft strömen. Haben die etwa Drogen genommen?, würde ein unerfahrener Beobachter rätseln. Doch der erfahrene weiß, dass diese Leute von der russischen Küche gekostet haben, der einzigen Küche der Welt, bei der das Essen selbst unwichtig ist.

Die Russen gehen nämlich nicht ins Restaurant, um zu essen oder zu trinken – das können sie auch zu Hause. Sie gehen aus, um zu feiern. Und dann muss alles, was sie sich zu Hause aus Sicherheitsgründen nicht trauen, erlaubt sein: Es darf gesungen, gebauchtanzt, am Kronleuchter geschwungen werden.

Die wichtigste Zutat der russischen Küche ist die Laune des Kochs. Hat er einen guten Tag, kann er einen mit Kaviar gefüllten Stör aus dem Ärmel zaubern und mit Spießen am Tisch jonglieren, Wodka schlucken und Feuer spucken. Wenn er einen schlechten Tag hat, kann es sogar noch abenteuerlicher werden. Man muss auf jeden Fall immer alles aufessen, weil die russischen Köche sehr nachtragend sind.

In ein solches Restaurant sollte man am besten zusammen mit irgendwelchen Russen gehen, am besten einen Tisch an der Wand nehmen, damit niemand von hinten an einen herankommen kann, am besten vor dem Besuch irgendwo an der Ecke einen kleinen Schnaps trinken und einen Tag davor nichts essen. Dann Mut sammeln und einfach eintreten, die Menschen freundlich begrüßen und sich diskret räuspern. Nur wenn man direkt vor dem Lokal zehn oder mehr nagelneue schwarze BMWs stehen sieht, sollte man nicht hineingehen, sondern sofort auf die andere Straßenseite laufen und so tun, als wollte man ganz woanders essen, es aber in der nächsten Woche noch einmal versuchen. Sie können aber auch gleich bei sich zu Hause ein russisches Essen organisieren: viel Alkohol und Salzgurken kaufen, Freunde anrufen, die Musik laut aufdrehen, die Nachbarn einladen – fertig.

Das letzte Mal war ich in Berlin russisch essen, als mein Vater siebzig wurde. Zu Hause gemütlich mit der Familie zusammen zu feiern, fand er zu kleinkariert, nein: Er wollte protzen und lud die ganze Verwandtschaft in das bereits erwähnte authentische Restaurant am Rande der Stadt ein. Der Laden galt seit Jahren als eine Art geheime Zaubertür in die Vergangenheit, für Touristen und Einheimische nicht sichtbar. Russen kochen dort für Russen und machen sie glauben, sie wären nie ausgereist. Ein paar Mal war ich bereits dort gewesen, hatte diese magische Verbindung genossen und jedes Mal erleichtert aufgeatmet, wenn ich in das nächtliche Berlin zurückgekehrt war. Zuletzt schien diese Zaubertür jedoch technische Probleme zu haben: Ich rief mehrmals dort an, um herauszufinden, an welchem Tag sie geöffnet hatten, doch nie ging jemand ans Telefon. Schließlich gelang es mir aber doch, den einzig möglichen Termin für unseren Zeittransport zu vereinbaren – einen Samstag.

Der Abend fing ganz normal an. Außer uns saßen noch etwa ein Dutzend Gäste im Restaurant; an einem Tisch feierte ein Junge namens Micha mit Freunden seinen zwanzigsten Geburtstag, an einem anderen tranken zwei Schnurrbärte Wodka, rauchten dabei und schwiegen. Eine festlich gekleidete Sängerin kam auf die Bühne und erkundigte sich nach den Namen der beiden anwesenden Geburtstagskinder. Dann tippte sie irgendetwas in ihren Musik-Computer, und der Raum füllte sich mit Musik. Das junge Geburtstagskind wurde mit einem russischen Schlager geehrt, der den Refrain hatte: »Ohne dich, Micha, sterbe ich, Micha, jede Nacht, Micha, träume ich von dir, Micha...«

Mein Vater wollte auch namentlich besungen werden, bekam stattdessen aber nur einen georgischen Rentnerheuler vom Musik-Computer geschenkt: »Mein Alter hat mich reich gemacht, und wenn ich bald schon gehen muss...«

»Ich fühle mich aber noch ganz gut!«, rief mein Vater

von seinem Stuhl aus, aber der Computer war vorprogrammiert, selbst die Sängerin konnte nichts machen. Sie ging von der Bühne, noch bevor der Rentnerheuler zu Ende war. Das Lied sang sich von alleine weiter.

Kaum hatten wir bestellt und unsere Gläser gefüllt, kam die Sängerin zurück.

»Hört alle auf zu essen!«, kam ihre Stimme aus den Lautsprechern. »Steht alle auf! Jetzt wird getanzt!«

Ihr Computer spuckte Russentechno aus, so laut, dass man sich nicht mehr unterhalten konnte. Aber niemand wollte ihrer Aufforderung folgen, alle warteten geduldig, bis der Spuk vorbei war. Die Sängerin tanzte eine Weile allein und verschwand wieder in der Küche.

Mein Vater inspizierte kritisch seinen Teller, das junge Geburtstagskind Micha am Nebentisch sprach plötzlich Hochdeutsch mit einer Blondine, die Schnurrbärte gingen nacheinander aufs Klo und betranken sich anschließend weiter. Dann wurde es plötzlich still im Raum. Der Musik-Computer war kaputt, er gab nur noch merkwürdige Piep-Töne von sich, und die Sängerin kam, um ihn zu reparieren. Sie schlug mit der flachen Hand gegen den Kasten, der wollte aber nicht anspringen.

»Lasst uns zusammen singen!«, rief sie ins Mikrofon. »Seid ihr Russen oder was?«

Alle saßen still an ihren Tischen. Irgendwas stimmte nicht mit unserer Zeitreise. Mein Vater stocherte mit der Gabel auf seinem Teller herum, hob ein Stück Fleisch hoch und betrachtete es im Licht der Kerze. »Also, früher, mein Sohn«, fing er nachdenklich an, »war alles besser...«

»Brauchst du mir nicht zu erzählen«, unterbrach ich ihn. »Lass uns lieber noch einen trinken!«

Nachts stand ich auf dem Kudamm mit dem alten Geburtstagskind am Arm. Es hatte seine Krawatte in der Hand und winkte damit den vorbeifahrenden Autos. Das junge Geburtstagskind Micha stand neben uns mit einer abgebrochenen Zigarette im Mund.

»Ich hole euch jetzt ein Taxi«, sagte er, sprang auf die Fahrbahn und hielt beide Hände hoch. Man hörte Bremsen kreischen und Fahrer fluchen, mehrere Wagen blieben stehen, und einer davon war tatsächlich ein Taxi. Mein Vater wünschte Micha viel Glück und nannte ihn dabei »Kolja«. Am nächsten Morgen ging es ihm nicht gut, er verbrachte den Tag im Bett.

Die Zaubertür, die letzte geheime Verbindung zur Vergangenheit, hatte sich eindeutig geschlossen. Wenig später beschlossen meine Frau und ich, unsere Erfahrungen mit der sowjetischen Küche niederzuschreiben, damit die kommenden Generationen genug Stoff zum Experimentieren haben.

# ARMENIEN

Armenien ist ein Land von der Größe Niedersachsens, dafür aber von großer Schönheit. Das armenische Volk ist berühmt für seine überschäumende Gastfreundschaft, seine dreitausend Jahre alte Kultur und seine traditionsreiche Küche. Nicht umsonst stieg Noah nach der Flut auf dem Berg Ararat aus der Arche und erkor so Armenien zur Wiege der Menschheit. Trotz dieser Qualitäten oder gerade deswegen wurde das Land seit Anbeginn der Zeit von Eroberern aller Couleur überfallen. Römer und Perser, Türken und Araber überzogen Armenien mit Gewalt, vertrieben und terrorisierten die Bevölkerung. Heute leben in Amerika und Westeuropa mehr Armenier als in Armenien selbst. Die vielen dunklen Tage konnten dem armenischen Volk jedoch seine Lebensfreude nicht austreiben. Die armenische Gastfreundschaft gegenüber Fremden hat keinen Schaden erlitten, jeder ist in Armenien herzlich willkommen, abgesehen von den Bürgern der unmittelbaren Nachbarländer.

Im zwanzigsten Jahrhundert wurde Armenien mehrmals unabhängig. Nach der Niederlage der deutschen Armee im Ersten Weltkrieg 1918 zogen sich die Türken aus dem Kaukasus zurück, der Bürgerkrieg brach aus, die Engländer besetzten Baku und erschossen dort die legendären sechsundzwanzig Kommissare Bakus, unter denen auch einige Armenier waren, bevor sie wieder verschwanden. Danach wurde die unabhängige bürgerliche Republik Armenien gegründet.

Zwei Jahre später wurde das Land noch einmal unabhängig – als sowjetische sozialistische Republik. Die armenische Küche, eine der ältesten der Welt, bekam einen Ehrenplatz im Kochbuch des sozialistischen Imperiums. Besondere Merkmale dieser Küche sind Salate, Gras und Gewürze, die in der restlichen Welt als nicht essbar gelten, die originell zubereiteten Fleischgerichte, die zarten Süßigkeiten und das Nationalgetränk, der Kognak Ararat.

Dieses Getränk sorgte für die ersten Erfahrungen, die ich mit Alkohol gemacht habe – auf dem Balkon im sechzehnten Stock eines Neubaus, während ich meinen Schulkameraden Arthur besuchte, um angeblich mit ihm zusammen Hausaufgaben zu erledigen. Seine Mutter arbeitete als Kellnerin in einem armenischen

Restaurant in Moskau. In der Sowjetunion war es Sitte, nach Feierabend Kleinigkeiten von der Arbeit mit nach Hause zu nehmen, zum Andenken an einen gelungenen Arbeitstag. Arthurs Mutter brachte täglich fünfjährigen Kognak der Marke Ararat nach Hause. Sie hatte sich mit diesem Getränk bereits für den Rest ihres Lebens eingedeckt und längst den Überblick über ihre Vorräte verloren. Auf Einladung von Arthur tranken wir zu zweit, beide damals noch minderjährig, auf dem Balkon seiner Wohnung eine Flasche aus.

Der Ararat schmeckte so süßlich, dass wir Kinder ihn nicht als giftigen Alkohol identifizierten und, ohne es zu merken, schnell betrunken wurden. Arthur fing an, mit Topfpflanzen zu jonglieren, bis auch die letzte heruntergefallen war. Ich fühlte mich wie ein Fallschirmspringer, der zufällig auf einem falschen Balkon gelandet war. Alles drehte sich, der Boden löste sich unter meinen Füßen auf, ich musste mich übergeben. Abschließend wurden wir noch von Arthurs Mutter kräftig verdroschen. Es war jedoch eine wichtige Erfahrung. Seitdem trinke ich nie wieder armenischen Kognak auf einem Balkon im sechzehnten Stock.

## Kottbusser Lamm

»Dumm gelaufen, die Schlacht im Teutoburger Wald. Hätten die Barbaren damals die Römer nicht verprügelt, wäre in Deutschland einiges anders gelaufen und das deutsche Essen heute um einiges leckerer«, sinnierte mein Freund Alik. »Vor allem hätten wir hier eine viel feinere Küche: Risotto statt Klopse, guten Rotwein, optimistische Volksmusik, und alle Nachrichtensprecher wären Blondinen mit Locken und großem Busen! Aber sie mussten ja die Römer verjagen aus ihrem tollen Wald, und was haben sie nun davon? Döner Kebap!«, hob Alik den Zeigefinger.

Eigentlich hatte mein Freund nicht ganz Unrecht, irgendjemand musste aber bei dieser Diskussion auch den Standpunkt der Barbaren verteidigen. Immerhin kämpften sie gegen eine fremde Besatzung für ihre Unabhängigkeit.

»Ich mag Klopse!«, sagte ich deswegen. »Und du kennst doch die deutsche Küche kaum. Pinkelwurst,

Spinatauflauf, Eintopf, Zweitopf… Und mit optimistischer Volksmusik ist Deutschland geradezu verstopft, davon gibt es hier einen Riesenhaufen: Marianne und Michael und wie sie alle heißen. Du wärst doch als Erster vor dieser Musik in den Wald gelaufen, sei also dankbar, und Hände weg von der deutschen Kultur, die so unaufdringlich ist.«

Unsere kulinarische Diskussion brach bei der Vorbereitung einer internationalen Grillparty aus. Die deutschen Kollegen waren für die Technik zuständig, sie sollten Kohlebriketts besorgen und die Grillanlage montieren. Wir hatten vor, unsere Freunde mit selbst gemachtem Lammspieß zu beeindrucken. Dabei hatte sich Alik gleich zu Anfang als der letzte wahre Lammspießer unseres Planeten aufgespielt. Meine Hilfe nahm der große Meister trotzdem gern in Anspruch, um sich während der Arbeit nicht zu langweilen. Nun saßen wir im Stau auf dem Weg nach Kreuzberg fest, und ich hörte mir seine Lektion über die Bedeutung des Lammspießes in der Entwicklung der Weltgeschichte an.

»Viele unterschiedliche Kulturen haben sich an diesem Gericht versucht, und alle sind gescheitert. Es reicht nicht nur, das Rezept zu kennen, viel wichtiger ist die Erfahrung. Nur Armenier, die in Baku aufgewachsen sind, können es richtig, weil dort jeder Tag am Spieß beginnt und am Spieß endet.«

Ich glaubte Alik sofort, schließlich war er selbst ein Armenier, noch dazu aus Baku, und wusste also, wovon er sprach.

»Das Wichtigste sind die Zutaten«, klärte er mich auf. »Wir brauchen das richtige Lamm. Und das gibt es nur, so hat es sich historisch ergeben, an den Gemüseständen des Kottbusser Damm.«

Bei uns im Osten sind hauptsächlich die vietnamesischen Händler für das Gemüse zuständig. Sie sind fleißig, höflich und diskret. Man kann sich keinen Vietnamesen vorstellen, der unbekannten Fußgängern »Fünf Kilo Bananen für einen Euro!« ins Ohr schreit. Die vietnamesischen Verkäufer sitzen ruhig auf ihren Klappstühlen neben dem Gemüse, das sich quasi von alleine verkauft. Wenn es dunkel wird, klappen sie ihre Stühle zusammen und gehen nach Hause, TV-Hanoi gucken, statt aus der Dunkelheit »Alles billig, Rest umsonst!« zu brüllen. Die Tomaten in ihren Läden sind oft besser als anderswo, aber Lammfleisch, das gibt es nur am Kottbusser Damm!

Der türkische Verkäufer blickte uns misstrauisch an, als Alik seinen Wunsch äußerte. »Drei obere Teile des hinteren Fußes?«, wiederholte er in einwandfreiem Deutsch. »Hast du einen Witz gemacht? Wo kommt ihr eigentlich her, so schlau?«

Der Verkäufer sah mit seinem scharfen Schnurrbart

und einer dicken Goldkette um den Hals wie ein Lammfleisch-Professor aus. Aber mein Freund war auch nicht ohne. Alik hatte einen Schnurrbart am ganzen Körper, darüber zwei fingerdicke Goldketten und ein goldenes Armband mit einer Uhr, so groß wie eine Teetasse.

»Wir sind aus Russland«, sagte er, »genau genommen aus der Sowjetunion.«

»He, hast du noch einen Witz gemacht?«, fragte ihn der Fleischer ungläubig. »Ich kenne die Russen gut, viele von denen wohnen in dieser Gegend. Russen sehen ganz anders aus. Ehrlich, gib zu, ihr seid Albaner!«

»Hast du einen Witz gemacht?«, konterte Alik. »Wir sind keine Albaner. Russland war früher groß!« Alik zeigte mit den Händen, wie groß Russland früher war. Einige Büchsen mit bulgarischem Feta und Oliven fielen zu Boden. »Ein sehr großes Land, viele unterschiedliche Menschen mit verschiedenen Sprachen...«, dabei deutete Alik mit den Fingern eine Installation an, die die komplizierte geopolitische Lage unserer alten Heimat wiedergeben sollte, noch mehr aber an ein doppeltes »Arschloch«-Zeichen erinnerte.

Der Fleischer schaute sich die Figur an und wurde nachdenklich. Meinem Freund gelang es offensichtlich, seine Akzeptanz zu gewinnen. Wir gingen gemeinsam an der Fleischtheke entlang. Alik lobte den Kollegen für die richtige Fleischhaltung, der Fleischer fing an zu prahlen:

»Gestern brachte mir einer drei Lämmer«, erzählte er, »ich habe alle drei nach Hause geschickt. Ich nehme nur Tiere, die nach Fleisch aussehen, aber davon gibt es immer weniger. Die drei von gestern sahen aus wie...« Der Fleischer suchte nach dem richtigen Wort und half sich mit den Händen: »Wie Kinderstreichelzoo!«

»O Mann! Nein, das kann nicht wahr sein!«, schüttelte Alik den Kopf, er nahm die Sorgen des Fleischers sehr ernst.

Wir kauften die richtigen Oberteile, dazu noch jede Menge Zwiebeln, ägyptischen Pfeffer und frische Minze, obwohl der Verkäufer unser Vorhaben nicht verstehen wollte. »Brauchst keine Minze, einfach braten und essen!«, riet er.

»Jeder hat seine eigenen Rezepte«, erwiderte Alik diplomatisch. Abschließend redeten die beiden noch kurz über das richtige Zerhacken, wobei sich multikulturelle Abgründe auftaten. »So und nicht so«, hörte man von der Theke.

»So nicht!«

»Nein so!«

»So und so!«

Der Fleischer bestand hartnäckig auf seiner Art; er gestikulierte dabei so heftig mit dem Beil, dass mein Freund jede Sekunde um einen Kopf kürzer zu werden drohte, er gab aber trotzdem nicht auf. Der Fleischer wollte so wie immer, Alik wollte aber wie in einem armenischen Fleischladen in Baku 1979, und er bekam letzten Endes, was er wollte.

Ich legte drei richtig zerhackte Hinterbeine, also unser ganzes frisches Lamm vom Kottbusser Damm, in eine große Stofftasche mit drei verunglückten indischen Kosmonauten darauf, die trotz ihres Absturzes sehr optimistisch lächelten. Obendrauf packte ich noch den Rest und warf alles auf den Vordersitz eines Taxis. Alik und ich setzten uns nach hinten.

»Was riecht da so schön?«, fragte uns der Taxifahrer.

»Minze«, sagten wir.

»Oh, dieser wunderbare Geruch erinnert mich an meine Heimat!«, sagte er. »Ich komme aus einem Dorf in Ost-Anatolien, bei uns im Dorf waren überall diese Blätter! Sie machten die Luft süß, und wenn man zu lange Minze einatmete, konnte einem schwindlig werden.«

»Hört sich sehr romantisch an«, bemerkten wir.

»Es war auch romantisch«, nickte der Taxifahrer.

Wir standen schon wieder im Stau in der Nähe des Kottbusser Damms und kauten alle drei Minzblätter.

Aus den vorderen Wagen sprangen kahl rasierte Typen und liefen hintereinander her. Sie schrien laut, der eine kletterte auf einen BMW und fiel herunter, ein anderer gab daraufhin einen Schuss ab.

»Zivilbullen, Polizeirazzia«, erklärte uns der Taxifahrer. »Und ihr seid also Albaner? Wie hat es in eurer Heimat denn immer gerochen? Auch so gut?«

»Ja, so ähnlich«, logen wir, kauten die Minze, schauten aus dem Fenster und überlegten, wie es bei uns wirklich gerochen hat.

# Armenische Küche

Alle Zutaten sind für vier Personen berechnet.

## ～ Vorspeise ～

### Brennnessel-Salat

Zutaten:
800 g junge Brennnessel-Blätter, 1 Bund Lauch, 1 Bund Petersilie, 200 g Walnüsse, 1 TL Tafelessig, Salz nach Geschmack

Zubereitung:
Die Blätter von jungen Brennnesseln waschen und aussortieren. Legen Sie die für gut befundenen Blätter fünf Minuten in kochendes Salzwasser. Danach die Brennnesseln abgießen und den Sud auffangen. Die Walnüsse zerkleinern, mit dem Essig zusammen in den Sud geben und zu Dressing verrühren. Lauch und Petersilie waschen und klein schneiden. Die Brennnessel-Blätter in eine Salatschüssel legen, das vorbereitete Dressing zugeben, mit Lauch und Petersilie bestreuen und servieren.

## ~ Suppe ~

### Bosbasch Sisiani

Zutaten:
250 g Lammfilet, 1,2 l Wasser, 2 Kartoffeln, 1 TL Weizenmehl, 1 Zwiebel, 2 EL Margarine, 1 EL Tomatenmark, 6 Mirabellen, 1 Bund Petersilie, 1 Bund Dill, Pfeffer, Salz nach Geschmack

Zubereitung:
Das Lammfleisch waschen und in drei Zentimeter große Würfel schneiden. Das Fleisch in einen Topf geben und mit kaltem Wasser auffüllen. Zugedeckt dreißig Minuten kochen lassen. Die Brühe sorgfältig abschäumen. Die Zwiebel schälen und in Ringe schneiden. Mit Margarine, Tomatenmark und Mehl in der Pfanne braten. Das Fleisch aus der Brühe nehmen, in die Pfanne zu den Zwiebeln geben und garen lassen, bis das Fleisch durch ist. Das Ganze wieder in den Topf zurückgeben und geschälte, in Würfel geschnittene Kartoffeln, entkernte Mirabellen, Salz, Pfeffer und klein gehackte Kräuter hinzufügen. Dreißig Minuten zugedeckt köcheln lassen.

## ✑ Hauptgerichte ✑

### Ktschutsch-Fisch

Zutaten:
1 kg Weißfischfilet, 5 Zwiebeln, 100 g Butter, 4 Tomaten,
4 Paprika, 100 ml Weißwein, rund 20 ganze Kügelchen
schwarzer Pfeffer, ¼ TL schwarzer Pfeffer (gemahlen),
2 EL Estragon (zerkleinert), Salz

Zubereitung:
Die Zwiebeln in Halbringe und die Paprikaschoten in schmale Streifen schneiden, die Tomaten vierteln. Eine feuerfeste Form mit Butter einfetten. Zwiebeln, Paprika und Tomaten schichtweise in die Form legen, pfeffern und salzen. Darauf das in große Stücke geschnittene Fischfilet legen, das Ganze noch einmal mit einer Gemüseschicht bedecken, Kräuter darüber streuen, würzen und salzen. Den Wein hinzufügen und die Form abdecken. Den Ktschutsch bei 180 Grad dreißig bis vierzig Minuten im Ofen garen.

### Kololak Aschtarakski

Zutaten:
1½ kg Rindfleisch, 1 Hühnchen, 3 Eier, 4 EL Butter,
2 EL Kognak, ½ Bund Petersilie, ½ Bund Estragon,
schwarzer Pfeffer (gemahlen), Salz

## Zubereitung:

Das Rindfleisch klopfen, bis es einer Teigmasse gleicht, dann salzen, pfeffern und weiterklopfen, bis die Masse eine weiße Farbe annimmt. Anschließend in eine breite Form geben, den Kognak darüber gießen und weiterklopfen, bis sich das Ganze verflüssigt. Ein geschlagenes Ei dazugeben und alles gut durchmischen. Ein Hühnchen in drei Liter Wasser kochen. Ein Ei hart kochen, schälen, das Eigelb entfernen und stattdessen einen Glückszettel (zum Beispiel mit dem Spruch von Francis Bacon: »Das Leben ist kurz; achte darauf, nicht immerfort das Gleiche zu tun!«) hineinlegen. Das Ei im Bauchbereich des gekochten Hühnchens platzieren. Auf einem feuchten Küchentuch die Fleischmasse gleichmäßig ausbreiten, darauf das Hühnchen legen. Die Ränder der Fleischmasse mit Hilfe des Tuches schließen. Das Tuch leicht mit einem Faden festbinden, das Kololak in die Hühnerbrühe geben und vierzig Minuten kochen. Das fertige Kololak aus dem Tuch nehmen und mit Petersilie dekoriert servieren.

## ᓚ Dessert ᓕ

### Walnüsse mit Himbeeren

<u>Zutaten:</u>
400 g Walnüsse, 200 g Puderzucker, 400 g Himbeeren, 300 ml Sonnenblumenöl

<u>Zubereitung:</u>
Die Walnüsse in heißem Wasser zehn bis fünfzehn Minuten einwässern, danach die Haut entfernen. Die Nüsse in heißes Wasser tauchen, abgießen, mit Puderzucker bestreuen, frittieren und anschließend abkühlen lassen. Vor dem Servieren vorsichtig mit Himbeeren vermischen.

# WEISSRUSSLAND

Weißrussland ist ein osteuropäischer Staat zwischen Polen, Litauen und Russland, so groß wie die halbe Bundesrepublik. Wenn in Deutschland die gesamten Siedlungsgebiete etwa zwölf Prozent des Territoriums beanspruchen, sind es in Weißrussland nur vier Prozent. Der gesamte Staat hat weniger Einwohner als Baden-Württemberg.

Die Geschichte Weißrusslands ist ziemlich spektakulär. Das Land war nämlich nicht immer Weißrussland, mal firmierte es als Polen, mal als Litauen, mal als Russland. Über Jahrhunderte wurde diese Gegend von den östlichen Nachbarn als eine Art Schutzschild gegen die Feldzüge des Westens benutzt, wobei der Feind sich nie sicher sein konnte, ob er schon im Osten oder noch im Westen war. Weißrussland hat keinen Zugang zum Meer und keine hohen Berge, dafür aber viel Wald und Moor. In diesen Wäldern und Sümpfen haben sich im Laufe der letzten Jahrhunderte fast alle

Armeen verlaufen, die ihr Glück im Osten zu suchen wagten. Kaiser, Fürsten und Könige, kluge Generäle und angehende Weltherrscher haben in der weißrussischen Wegelosigkeit vor der Zeit und ruhmlos ihre Karriere beendet. Einige von ihnen blieben für immer dort, andere kamen als überzeugte Pazifisten zurück: Dann gaben sie sich Mühe, ihre persönlichen Erfahrungen in dicken Memoiren niederzuschreiben, um die nachkommenden Generationen zu mahnen. Mit diesen Werken kann man inzwischen eine ganze Hausbibliothek füllen. Sie haben verheißungsvolle Titel wie *Mein Leben im Sumpf*, *Die Rache des Partisanen*, *Die Schatten verschwinden um Mitternacht* und eine klare Botschaft: Geht da bloß nicht hin! Marschiert lieber zum Südpool oder nach Australien. Die Welt ist groß, denkt euch etwas aus, aber kommt nicht in die Nähe der weißrussischen Wildnis. Doch die jungen Eroberer hörten den alten nicht zu. Sie hielten die Alten für Loser und waren fest davon überzeugt, ihnen würde schon nichts passieren. Manche waren auch geschickt. Napoleon zum Beispiel führte seine Armee um die Wälder herum, geriet aber dann beim Rückzug doch noch ins Dickicht, und schon war sein Krieg gelaufen. Abschließend, in der Verbannung auf der Insel der heiligen Helena, begann Napoleon an seiner Trilogie *Meine besten Abenteuer* zu schreiben. In diesem Werk sollten unter anderem seine Begegnungen mit den östlichen Ländern thematisiert werden. Jedes Mal aber, wenn es um Weißrussland ging, regte sich Napoleon dermaßen auf, dass seine Ärzte ihn vom Weiterschreiben abhielten. Und so blieb seine Trilogie unvollendet.

Das Merkwürdigste ist, kein Mensch weiß, was in den weißrussischen Wäldern wirklich passiert ist. Eigentlich sind die Weißrussen keine geborenen Krieger, sie sind freundlich, höflich und intelligent. Vielleicht verwandeln sie sich im Wald, wenn sie sich wegen einer fremden Armee dorthin flüchten. Im Übrigen musste sich jeder Eroberer schämen, einen Krieg gegen Weißrussland zu führen, denn dort war außer Pilzen und Beeren nichts zu holen, und weder der Sozialismus noch die Zeit danach haben daran etwas geändert. Der Eindruck, Weißrussland sei eine Art Naturpark mit Partisanen darin, ist aber auch nicht ganz korrekt. So hat das Land zum Beispiel auch Großstädte, vier oder fünf, dazu noch einige kleine Flüsse sowie gigantische Kartoffelfelder. Die weißrussische Kartoffel ist die größte der Welt.

Selbst zu Zeiten der sozialistischen Planwirtschaft ging es Weißrussland nicht ganz schlecht. Im Bund der sozialistischen Republiken war es unter anderem für die Produktion von Gasherden und Waschpulver zuständig. Die weißrussischen Chemieprodukte galten auch im kapitalistischen Ausland als preisgünstig, giftig und effektiv. Japan und die USA kauften dort gerne Chemikalien ein, die sie für zu gefährlich hielten, um sie bei sich zu Hause zu produzieren. Darüber hinaus versorgten die weißrussischen Atomkraftwerke die halbe Sowjetunion mit Strom, die Kartoffeln wurden jedes Jahr größer, und die Bevölkerung strahlte.

Nach dem Fall der Sowjetunion kam in Weißrussland wie in allen anderen Republiken eine »nationale Demokratie« an die Macht. Dringend wurde nach einer unverwechselbaren weißrussischen Identität in Wald und Feld gesucht. Die weißrussische Sprache sollte ihren Ausdruck in einer eigenen Schrift finden, und die ganze vergangene Geschichte wurde nach möglichen nationalen Vorbildern durchkämmt. In der Schule mussten die Kinder Aufsätze zum Thema: »Warum bin ich ein Weißrusse?« schreiben.

Dieser demokratische Nationalismus hat sich aber nicht lange gehalten. Die Nationaldemokraten wurden vom ehemaligen Kolchosvorsitzenden Lukaschenko abgelöst. Unter seiner Führung ist Weißrussland den so genannten Dritten Weg gegangen: ein kapitalistischer Kartoffel-Sozialismus mit kooperativen Elementen, ein Modell, das man dem Westen nur schwer erklären kann. Alles ist erlaubt und zugleich verboten. Die Eigeninitiative wird gefördert, aber auch bestraft.

Man handelt nach Gefühl. Lukaschenko, der von vielen Weißrussen halb zärtlich, halb ironisch »Papulchen« genannt wird, sorgte dafür, dass Arm und Reich die gleiche Zimmertemperatur haben und in die gleiche Kartoffel beißen. Lukaschenko mag einfache Rentner und kann politische Oppositionelle nicht ausstehen. »Ein Volk, ein Schicksal, eine Meinung«, lautet sein Kredo. Mit der nationalen weißrussischen Sprache machte er kurzen Prozeß. »Liebe Brüder und Schwestern«, sagte er in einer Fernsehansprache an sein Volk. »Mir sind zwei große Sprachen auf der Welt bekannt: Russisch und Amerikanisch. Macht euch nichts vor, wählt eine aus.«

## Bratkartoffeln

Fast alle Schriftsteller, die ich kenne, gehen joggen, sitzen zu Hause auf einem Fahrrad ohne Räder und gehen regelmäßig schwimmen. Sie müssen ständig auf ihr Gewicht achten. Schuld daran ist ihre schöpferische Arbeit. Sie ist mit wenig Bewegung und vielen zusätzlichen Kalorien verbunden, die durch täglichen Alkoholkonsum anfallen.

Jedes Mal, wenn ich auf die Waage steige, erinnere ich mich an meine Zeit in der sowjetischen Armee. Damals hatten wir Soldaten ein ganz anderes Problem: zu viel Bewegung und zu wenig Kalorien!
Wenigstens im ersten Jahr war der Mangel an Essen neben dem Mangel an Sex das Hauptthema aller Soldatengespräche. Wenn ein Soldat Besuch von den Eltern oder seiner Freundin bekam, wussten spätestens nachts alle Bescheid, denn jeder Soldat roch im Schlaf nach den Delikatessen, die er tagsüber verzehrt hatte. Der aus Moldawien roch nach leicht angebrate-

ner hausgemachter Schweinswurst, der aus Sibirien roch nach Pelmeni und Wodka, der aus Usbekistan nach Weintrauben und Kumys. Unser weißrussischer Kamerad Gleb hatte nie Besuch, roch aber trotzdem jede Nacht deutlich nach Bratkartoffeln. Mein Freund Andrej, der vor der Armee an einem pädagogischen Institut studiert und deswegen den Spitznamen Professor bekommen hatte, stellte dazu eine gewagte These auf: Gleb würde bloß von Bratkartoffeln träumen, jedoch so intensiv, dass seine Träume sich in Gerüchen materialisierten.

Mir kam diese Theorie zu wissenschaftlich vor. Ich sprach Gleb wegen der Bratkartoffeln an und fand heraus, dass er tatsächlich einen Sack Kartoffeln aus der Offiziersküche entwendet und gelernt hatte, ohne Feuer, ohne Pfanne und ohne Fett Kartoffeln zu braten. Dafür schnitt er die Kartoffeln sehr dünn, legte sie auf ein ebenfalls sehr dünnes Metallblech und benutzte ein elektrisches Bügeleisen als Herd. Statt Fett nahm Gleb technisches Vaselin in geringen Mengen. Die Vorbereitung des Gerichts war mühsam und anstrengend. Einen ganzen Tag dauerte das Braten, das Aufessen dagegen nur wenige Sekunden. Doch wir hatten Zeit und halfen Gleb gerne bei seinen weißrussischen kulinarischen Aktivitäten. Tag für Tag erzählte er uns Geschichten aus seinem Land und vor allem aus seiner geliebten Heimatstadt Novopolozk, die mir deswegen heute noch vertrauter als meine eigene Heimatstadt ist. Es ist eine typische weißrussische Stadt inmitten von Kartoffelfeldern mit einer durchschnittlichen sowjetischen Ausstattung: eine Straßenbahnlinie, eine Schule, ein Kindergarten und fünf Chemiekombinate.

Für alle Einwohner galten strenge Sicherheitsvorkehrungen. Jeden zweiten Tag ging auf irgendeinem Kombinat die Alarmanlage los. Die gesamte Bevölkerung musste sich auf der Stelle Gasmasken überziehen und in die Keller gehen. Oft wurde der Alarm vom zuständigen Personal missbraucht. Wenn ein Brigadier eine Schlange vor dem Lebensmittelladen verscheuchen wollte, stellte er die Sirenen an; wenn der Chef der Sicherheitskontrolle in die Sauna ging, löste er Alarm aus; wenn ein Kombinatsleiter seiner Frau nicht mehr am Telefon zuhören wollte, drückte er ebenfalls auf den Alarmknopf. Deswegen hat niemand in Novopolozk diese Sirenen wirklich ernst genommen. Nur die alten Leute trugen ihre Gasmasken gewissenhaft mit dem Rüssel nach vorne, wie es in der Gebrauchsanweisung empfohlen war. Die jüngeren trugen ihre Gasmasken aus Protest mit dem Rüssel nach hinten, außerdem schnitten sie große Löcher in die Masken, damit sie atmen und sehen konnten.

In Novopolozk lief sogar der Briefträger mit einer

Gasmaske durch die Stadt, was seinen ohnehin schwierigen Job noch komplizierter machte. Die beiden Hauptstraßen in Novopolozk waren nach den beiden berühmtesten weißrussischen Dichtern benannt, deren Namen ganz ähnlich klingen: Janka Kupala und Jakub Koloss. Die Briefträger konnten sie nie voneinander unterscheiden. Zum Glück kannten sich fast alle Bewohner in Novopolozk persönlich und tauschten die Briefe anschließend untereinander aus.

Neben solchen Geschichten erzählte uns Gleb auch Näheres über die weißrussische nationale Küche. Er hat uns im Grunde damit ein ganzes Jahr in der Armee gefüttert und große Weißrussland-Fans aus uns gemacht. Auf den ersten Blick kann diese Küche öde und eintönig erscheinen, weil sie fast ausschließlich aus Kartoffelgerichten besteht. Den echten Weißrussen stört das aber nicht. Er weiß, dass diese Eintönigkeit eine Diät ist, die nicht in wissenschaftlichen Labors ausgetüftelt wurde, sondern aus der Weisheit des Volkes kommt. Die Folgen dieser Kartoffeldiät sind nicht zu übersehen. Es gibt in Weißrussland kaum Übergewichtige, die Bürger leben lange und sehen gut aus. Dabei ist die Kartoffel keine weißrussische Erfindung. In früheren Zeiten ernährten sich die Weißrussen vornehmlich von Mohrrüben. Erst Zar Peter der Große brachte die Kartoffel nach Weißrussland, im Zuge einer allgemeinen russischen Kartoffelreform. Laut der Legende musste sich Peter keine große Mühe machen, um die Bevölkerung für die neue Speise und ihren Anbau zu begeistern. Er ließ rund um das erste Kartoffelfeld Schilder aufstellen, die einem Dieb mit der Todesstrafe drohten – und gleich in der ersten Nacht wurde das ganze Feld leer geräumt.

Schnell wurde dieses Gemüse zu einem Symbol des weißrussischen guten Geschmacks. Was dem Ukrainer der Speck, dem Deutschen das Sauerkraut und dem Italiener die Spaghetti, ist dem Weißrussen seit dem achtzehnten Jahrhundert die Kartoffel. Zum Frühstück werden Bratkartoffeln gegessen, zu Mittag gibt es Kartoffelsuppe, Kartoffelpüree mit Salzgurken und Kartoffelpuffer mit Marmelade als Dessert. Zum Abendessen werden Backkartoffeln gemacht, dazu wird Schnaps getrunken, der aus Kartoffelschalen gewonnen wird.

In den letzten Jahren geriet die weißrussische Küche zunehmend unter den Einfluss der westlichen Kultur. Immer öfter werden zu den Kartoffeln amerikanische Hühnerschenkel, im Volksmund »Bush-Schenkel« genannt, oder deutsche Bockwürste serviert. In dem bekanntesten hauptstädtischen Restaurant »Minsker Brower« empfiehlt der Koch: »Weiße Großkartoffeln mit Schweinefuß«, in dem jeder Deutsche sofort ein Eisbein erkennen würde.

## Weißrussische Küche

Alle Zutaten sind für vier Personen berechnet.

Ein alltägliches Gericht auf weißrussischem Tisch sind ungeschält gebackene Kartoffeln, auch »Uniformierte« genannt. Sie werden im Ofen oder in Lagerfeuerasche gebacken.

### Gebackene Kartoffeln

Zutaten:
8 mittelgroße Kartoffeln, Salz

Zubereitung:
Kartoffeln waschen, mit der Gabel anstechen, damit die Pelle nicht platzt, mit Salz einreiben und dreißig Minuten backen. Heiß mit frischen oder gesalzenen Gurken, Tomaten, Zwiebeln, Butter und Hering servieren.

## ᦕ Vorspeise ᦔ

### Hering mit Kartoffeln gebacken

Zutaten:

250 g Heringsfilet, 5-6 Kartoffeln, 1 Zwiebel, 15 ml Pflanzenöl, 100 g Crème fraîche, 1 Ei, 2 EL Paniermehl

Zubereitung:

Die Kartoffeln schälen und in leicht gesalzenem Wasser kochen. Das Heringsfilet klein hacken, die Zwiebeln klein hacken, in Öl braten und mit dem Hering vermischen. Die Kartoffeln in Scheiben schneiden und in der Pfanne verteilen, darauf den Hering mit Zwiebeln geben. Crème fraîche mit dem Ei vermischen und in die Pfanne gießen. Das Gericht mit Paniermehl bestreuen und zehn Minuten bei 180 Grad im Ofen backen. Heiß servieren.

## ᦕ Suppe ᦔ

### Kartoffelsuppe auf weißrussische Art

Zutaten:

200 g Salzpilze, 2 Zwiebeln, 3 Kartoffeln, 3 EL Pflanzenöl, 1½ l Milch, Salz

### Zubereitung:

Die Salzpilze in schmale Streifen schneiden und fünf Minuten in der Milch kochen. Die Zwiebeln in Halbringe schneiden und in Öl anbraten. Die Kartoffeln würfeln und in Wasser kochen, dann durch ein Sieb abgießen. Die restliche Milch kochen und in den Topf mit den Pilzen geben. Die Zwiebeln und die Kartoffeln hinzufügen und zum Kochen bringen.

## ⁓ Hauptgerichte ⁓

**Försterbraten**

### Zutaten:
500 g Rinderfilet, 800 g frische Champignons, 4 Zwiebeln, 8 Kartoffeln, 300 g Crème fraîche, 1 EL Tomatenmark, 150 g Butter

### Zubereitung:
Die Kartoffeln schälen, in Scheiben schneiden und braten. Die Zwiebeln in Halbringe schneiden, anbraten, geschnittene Champignons dazugeben und fertig braten. Das Rinderfilet würfeln und anbraten. Kartoffeln, Pilze mit Zwiebeln und noch einmal Kartoffeln schichtweise auf dem Fleisch verteilen. Die Crème fraîche mit dem Tomatenmark vermischen und über das Gericht gießen. Zwanzig Minuten bei 220 Grad im Ofen backen.

## Kartoffelweibchen

Zutaten:
1 kg Kartoffeln, 2 Eier, 3 EL Milch, 3 EL Butter
Für die Füllung: 300 g Hackfleisch, 3 EL Brühe oder Wasser, 80 g getrocknete Pilze, 2 Zwiebeln, 3 EL Butter
Zutaten für das Omelett: 2 Eier, 3 EL Milch, Salz

Zubereitung:
Die geschälten Kartoffeln kochen, abtrocknen lassen und zerstoßen. Butter, Milch und Eier dazugeben, salzen und alles vermengen. Das Hackfleisch anbraten, die Brühe oder das Wasser zugeben und kurz dünsten. Die getrockneten Pilze zwei Stunden einweichen, in schmale Streifen schneiden, die Zwiebeln klein hacken und zusammen mit den Pilzen anbraten. Viele feuerfeste Förmchen einfetten, darauf schichtweise Kartoffelpüree, Hackfleisch, die Pilze mit Zwiebeln und noch einmal Kartoffeln verteilen. Die Eier mit der Milch und dem Salz verquirlen und in die Förmchen gießen. Das Gericht fünfzehn Minuten bei 220 Grad im Ofen backen und mit frischer Butter servieren.

## ᜆ Dessert ᜆ

### Das Törtchen »Kartöffelchen«

<u>Zutaten:</u>
300 g Biskuitteig, 100 g Sahnecreme (aus Puddingpulver mit Sahnegeschmack leicht herzustellen), 3 EL Kognak, 2 TL Kakaopulver, 1 TL Puderzucker

<u>Zubereitung:</u>
Das Biskuit backen, abkühlen und reiben. Die Biskuitmasse mit Sahnecreme und Kognak vermischen. Die Masse in Stückchen aufteilen und in Kartoffelform bringen. Dreißig Minuten in den Kühlschrank stellen. Den Kakao mit Puderzucker vermischen und die »Kartöffelchen« darin wälzen.

# GEORGIEN

Georgien ist eine kaukasische Republik mit etwa vier Millionen Einwohnern, eines der schönsten und ältesten Länder der Welt und ungefähr so groß wie Hessen. Der Wein, die Musik und die schier übermenschliche Gastfreundschaft der Georgier sind legendär. Über das Temperament der georgischen Männer und die Schönheit der georgischen Frauen wurden unzählige Legenden, Poeme und Romane geschrieben. Die neuesten archäologischen Ausgrabungen deuten darauf hin, dass der erste Mensch auf unserem Planeten wahrscheinlich ein Georgier war. Im sechsten Jahrhundert vor Christi war Georgien eine Kolonie der Griechen, seine westliche Seite hieß Kolchis, die östliche Iberia. Im siebten Jahrhundert wurde Georgien von den Arabern erobert, im elften von den Türken, im dreizehnten von den Mongolen, dann von den Iranern und dann wieder von den Türken, später von den Russen. 1936 wurde Georgien sowjetische Republik, und die georgische Küche wurde in der Folgezeit vom Baltikum bis hin nach Sibirien bekannt.

Nach dem Fall des Sozialismus war Georgien wie alle kaukasischen Republiken in einer unendlichen Schleife interner Auseinandersetzungen gefangen. Viele Georgier wanderten nach Europa aus. In den letzten Jahren habe ich in Berlin mehr Georgier kennen gelernt als während der ganzen Zeit in der Sowjetunion. Einige arbeiteten in unserer Stammkneipe Kaffee Burger hinter dem Tresen, anderen halfen wir, die erste georgische Zeitung im Ausland, *Iberia*, auf die Beine zu stellen, und bei jeder Russendisko lerne ich diese wunderbaren Menschen ein bisschen besser kennen.

Neulich war der Laden besonders voll, schon gegen Mitternacht mussten wir wegen Platzmangel schließen. Am Eingang stand aber noch eine quengelnde Gruppe: ein älterer Herr in schickem Mantel mit altmodischem Hut in Begleitung von zwei jüngeren Männern, die festlich mit Krawatte und weißem Hemd geschmückt waren.

»Du kennst Georgien, das Land des Tanzes und des Weins?«, fragte mich der ältere Herr.

»Ja«, antwortete ich. »Ich kenne Georgien, aber nur vom Hörensagen.«

»Wir kommen aus Georgien, du aus Russland, wir sind Brüder, lass uns rein!«, sagte der Mann.

»Aber wir sind total überfüllt. Könnt ihr nicht ein bisschen warten?«

»Wir sind Georgier, wir können nicht warten«, sagte er mit erhobenem Finger. »Ich sehe, ihr seid genau der richtige Ort, ich sehe, ihr habt eine sehr gute Disko!«, versuchte er sich bei unserem Türsteher einzukratzen.

»Wir sind rappelvoll, ich kann euch nicht reinlassen«, sagte der Türsteher.

»Du verstehst nicht«, erklärte der ältere Georgier, »meine beiden Söhne haben sich verliebt, wir müssen sofort darüber reden. Und ich sehe, ihr seid so eine wunderbare Disko, alles intelligente Menschen. Wir setzen uns dort in die Ecke.«

Alle drei sahen so anständig aus, außerdem noch verliebt, da kann kein Türsteher Nein sagen.

Die drei Georgier setzten sich an den Tresen und bestellten alkoholfreies Bier. Kaum waren fünf Minuten vergangen, da schubsten sich die beiden jungen Männer vom Hocker und schlugen aufeinander ein. Das alkoholfreie Bier flog durch die Gegend. Durch den selbstlosen Einsatz unseres Türstehers wurde das Trio auf die Straße gesetzt. Zehn Minuten später standen alle drei wieder vor dem Eingang und grinsten freundlich.

»Es wird nicht wieder vorkommen!«, sagte der ältere Herr. »Ich sehe, ihr habt Klasse hier, alles intelligente

Menschen, genau die richtige Disko, wo wir ungestört plaudern können...«

»Nein, vergiss es«, schüttelte der Türsteher den Kopf, »mit dieser Masche kommst du nicht noch mal hier rein. Ihr habt doch schon geplaudert, ich habe nicht verstanden, worum es ging.«

»Um die Liebe!«, rief der alte Herr. »O weh, was bin ich für ein armer Mann, meine beiden Söhne haben sich verliebt!«

»Na und? Was ist das Problem?«, hakte der Türsteher nach.

»Sie haben sich in die gleiche Frau verliebt, das ist das Problem!«, erklärte der Alte.

»Und was sagt die Frau?«, mischte ich mich ein.

»Sie sagt: ›Ich weiß nicht! Ihr seid beide so toll, ich kann mich nicht entscheiden!‹ Also lasst uns bitte rein, wir müssen das in Ruhe besprechen. Ich habe die beiden jetzt im Griff, wir werden ganz leise sein.«

Beide Söhne versprachen, auch im Namen des Vaters, sich zu benehmen. Wir ließen die Verliebten herein. Sie setzten sich wieder an den Tresen und bestellten alkoholfreies Bier. Keine fünf Minuten später lag der eine erneut auf dem Boden, sein Bruder lag auf ihm und würgte ihn mit beiden Händen, obendrauf hockte der aufgebrachte Vater mit Hut. Die Pfütze aus alkoholfreiem Bier wurde immer größer. Mit Mühe und Not wurden die Verliebten getrennt und auf die Straße gezerrt.

»Ich sehe, ihr seid eine Scheißdisko!«, rief der Vater, sein Hut hatte durch das alkoholfreie Bier eine ganz andere Form bekommen. »Eine schlechte Disko mit schlechten Menschen! Man kann sich hier überhaupt nicht unterhalten. Dann gehen wir lieber gleich zum Türken am Rosenthaler Platz!«

Nachts gibt es dort nur wenig Leute, aber viel Platz, Plastikmöbel und scharfes Geschirr, Döner, keinen Alkohol, nicht mal alkoholfreies Bier. Genau der richtige Ort, um über die Liebe zu reden.

## Chartscho

»Willst du es scharf haben, schick oder eher exotisch?«, fragte mich meine Frau. Wir standen an einer belebten Kreuzung mitten in Moskau und konnten uns nicht entscheiden. Früher wurden die meisten gastronomischen Einrichtungen in der Stadt nach den Republiken oder Städten benannt, deren Küche sie repräsentierten. Heute tragen die meisten Restaurants Fantasienamen, die nichts über ihren kulinarischen Inhalt verraten. Von unserer Kreuzung aus konnte man drei Lokale sehen: »Schesch-Besch«, »Kisch Misch« und »Chitto Gritto«. Sie klangen alle scharf, schick und exotisch. Wir entschieden uns für das Letztere. Es entpuppte sich als georgisches Restaurant.

»Lamm ist heute nicht gekommen«, erklärte uns der schnurrbärtige Kellner die Speisekarte auf unverwechselbar georgische Art. »Aber Rind ist gekommen, und Kaninchen ist gekommen.«

Wir überlegten.

»Ist Weißwein gekommen?«, fragte meine Frau.

Der Kellner zuckte mit den Schultern. »Weißwein ist vorgestern gegangen, aber Rotwein ist gekommen«, antwortete er.

Wir waren ein wenig sauer auf den Weißwein, dass er so plötzlich gegangen war, ohne auf uns zu warten.

»Was würden Sie uns denn empfehlen?«, fragte ich.

»Chartscho«, sagte der Kellner sehr überzeugend. »Chartscho ist gerade gekommen.«

»Das ist ja hier wie auf dem Bahnhof«, bemerkte meine Frau, »alles kommt und geht und macht, was es will.«

Der Kellner schnurrte freundlich in seinen Schnurrbart. Wir bestellten Chartscho und dazu Rotwein. Es war Mittagszeit, auf Neurussisch »Businesslunch«, und das Restaurant fast leer. Außer uns saß nur ein Pärchen im Saal, ein Anzugträger mit einer Brünetten.

»Du kannst bestellen, was du willst«, sagte der Anzugträger laut zu seiner Begleiterin, was angesichts der sehr preiswerten Mittagskarte etwas lächerlich klang.

»Ach, ich weiß nicht so recht. Vielleicht trinke ich einen Kaffee.«

Die Brünette blätterte lustlos in der Speisekarte.

Unser Chartscho kam auf den Tisch, er roch köstlich. Ich wusste von meinen früheren Begegnungen mit dieser Suppe, dass sie einem unter Umständen den

Schweiß auf die Stirn treiben konnte. Bei uns in der Armee aßen die Georgier statt Brot Peperoni zum Frühstück, die sie kistenweise von zu Hause geschickt bekamen.

Der Anzugträger schielte zu uns herüber und rief dann dem Kellner zu: »Ist der Chartscho wirklich gut?«

»Ja, ist wirklich gut«, antwortete der Schnurrbart etwas genervt.

»Ich war früher oft in Tiflis«, sagte der Anzugträger drohend.

»Ja, ich auch«, nickte der Kellner.

»Wir haben oft so ein Chartscho dort gegessen, der durchströmte einen geradezu mit Energie!«

Die Brünette hörte höflich zu, der Kellner nickte.

»Früher war alles besser«, seufzte er. »Nein, wirklich.«

Der Anzugträger ging uns langsam auf die Nerven.

»Es war keine Suppe, es war Musik, richtig scharf!«

»Musik-Busik«, wiederholte der Kellner und notierte irgendetwas in seinen Block.

Es dauerte eine Weile, wir waren bereits mit dem Essen fertig, als der Kellner die Bestellung für den Nachbartisch brachte. »Chartscho ist gekommen, Vorsicht scharf«, sagte er.

Der Anzugträger grinste, nahm einen Löffel und zuckte zusammen, als wollte er aus dem Sitz auf den

Tisch springen. Dabei kam sein Teller ins Schwanken, und Teile der Suppe landeten auf seiner Hose.

»Habe ich doch gesagt!«, sagte der Kellner.

Der Anzugträger schaute ihn an, den Löffel im Mund, und sagte gar nichts.

Der Kellner verschwand für eine Weile, kehrte mit einem Waschlappen in der Hand zurück und versuchte, mit zärtlichen Bewegungen das Chartscho in die Hose des Gastes zu reiben. Der Anzugträger war inzwischen wieder zu sich gekommen, er lächelte sogar etwas schräg seine Begleiterin an.

»Ich möchte den Boss sprechen«, sagte er.

»Boss ist heute nicht gekommen«, entschuldigte sich der Kellner.

Gekommen war aber der Oberkellner vom Chitto Gritto. Er machte einen sachlichen Eindruck.

»Ich wurde in Ihrem Laden regelrecht verarscht«, sagte der Anzugträger zu ihm. »Ich kann in diesem Zustand meinen Geschäftstermin heute Abend nicht wahrnehmen – meine Hose ist versaut. Das kostet Sie fünfhundert Dollar.«

»Das tut uns sehr Leid«, erwiderte der Oberkellner, »Sie bekommen von uns einen Gutschein für ein Abendessen, außerdem bis Ende des Jahres zwanzig Prozent Rabatt in allen Restaurants unserer Kette. Sagen Sie nicht, das wäre ein unfaires Angebot.«

»Ich sage gar nichts mehr! Ich möchte fünfhundert Dollar, und zwar sofort, oder Sie holen mir ihren Boss!«, insistierte der Anzugträger.

»Der ist leider verhindert, aber ich bringe Ihnen den Geschäftsführer«, sagte der Oberkellner.

Der Geschäftsführer, in Anzug und Brille, war sehr höflich, sachlich und diskret. Er bot unserem Tischnachbarn dreißig Prozent Rabatt für zwei Personen für ein volles Jahr, doch der Chartscho-Liebhaber wollte nichts davon hören.

»Fünfhundert Dollar, oder rufen Sie den Boss«, wiederholte er nur.

Die Situation wurde immer spannender. Eigentlich waren wir längst mit dem Essen fertig, wollten aber unbedingt mitbekommen, wie sich dieses Drama auflöste. Deswegen bestellten wir noch zwei Glas Rotwein und warteten gespannt. Die nächsten fünfzehn Minuten passierte nichts. Der Beleidigte schaute bockig in den Himmel, seine Begleiterin war längst mit ihrem Kaffee fertig, schämte sich jedoch, in dieser Situation noch etwas beim Feind zu bestellen. Dann erschien der Kellner wieder und verkündete wie im Theater: »Der Boss ist gekommen!«

»Und der Weißwein? Ist der Weißwein auch gekommen?«, hakte meine Frau nach.

»Leider nicht«, lächelte der Kellner uns an.

Der Boss erwies sich als ein junger Mann Anfang zwanzig. Statt Anzug trug er ein Hawaii-Hemd, Jeans und weiße Lederstiefel, die ihm fast bis zu den Knien reichten.

»Was ist los?«, fragte der Boss den Kellner. Dieser antwortete ihm auf Georgisch, wir konnten nur einzelne Worte verstehen, Chartscho, Weißwein, Musik-Busik.

»Zieh deine Hose aus«, sagte der Boss zum Anzugträger. »Sofort! Ich werde sie dir mit eigenen Händen waschen!«

Er hatte große, starke Hände: Auf dem einen Handgelenk stand in fetter Schrift »Danke, Mama«, auf der anderen war eine zum Teil verwischte Meerjungfrau mit einem verdorbenen Lächeln und einem dicken Schwanz eintätowiert.

»Ich werde Sie verklagen«, sagte der Anzugträger etwas lustlos.

»Du kannst mich auch küssen«, reagierte der Boss etwas unvermittelt.

»Ist es bei euch immer so lustig?«, fragte ich den Kellner.

»Ja, immer lustig!«, lächelte er.

Wir bestellten noch ein Chartscho. Wenn man zu einem Georgier geht, muss man immer viel Zeit mitbringen.

## Georgische Küche

Alle Zutaten sind für vier Personen berechnet.

**(Achtung! Hier geht nichts ohne Walnuss!)**

### ༄ Vorspeisen ༄

#### Auberginen-Saziwi

<u>Zutaten:</u>
4 Auberginen, 2 Zwiebeln
<u>Für die Sauce:</u> 100 g Walnüsse, 2 Knoblauchzehen,
150 ml Gemüsebrühe, 1 EL Essig, 1 Bund Petersilie,
roter Pfeffer (gemahlen), Salz, trockene Gewürzmischung

<u>Zubereitung:</u>
Die Auberginen waschen und die Stängelreste entfernen. Die Auberginen längs anschneiden und für zwei bis drei Stunden pressen. Die Walnüsse klein hacken, den Knoblauch klein hacken, die Kräuter klein schneiden. Pfeffer, Salz, Essig und Gewürze in die Gemüsebrühe geben und gut umrühren. Die Hälfte der fertigen Sauce mit klein gewürfelten Zwiebeln vermischen und damit die Auberginen füllen. Diese in einen Topf legen und mit der restlichen Sauce übergießen.

### **Birnensalat mit Nüssen**

Zutaten:

8 Birnen, 100 g Walnüsse, 2 Salzgurken, 100 g Crème fraîche oder Ayran

Zubereitung:

Die Birnen halbieren und entkernen. Die Walnüsse in heißem Wasser zehn bis fünfzehn Minuten ziehen lassen und dann die Haut entfernen. Die Nüsse zerkleinern und mit ihnen die Birnenhälften füllen. Danach mit Ayran oder Crème fraîche übergießen und mit den gewürfelten Salzgurken bestreuen.

## ꙮ Suppe ꙮ

### Chartscho

Zutaten:

500 g Rindfleisch, 2 l Wasser, 100 g Reis, 1 EL Fett,
4 Zwiebeln, 4 Knoblauchzehen, 2 EL Tomatenpaste,
1 TL trockene Gewürze, 1 Bund Koriander, schwarzer
Pfeffer (gemahlen), roter Pfeffer (gemahlen), 1 Lorbeerblatt,
1 TL zerkleinerter Koriander, 1 Petersilienwurzel, 2 EL klein
geschnittene Petersilie, 100 g Walnüsse, 1 EL Maismehl,
Safran, 1 EL klein geschnittenes Basilikum, Salz

Zubereitung:
Das Rindfleisch waschen, in ca. drei Zentimeter große Stücke schneiden und in einen Topf geben, mit kaltem Wasser auffüllen und dreißig Minuten kochen lassen. Die Zwiebeln klein schneiden, in Mehl panieren. Reis, panierte Zwiebeln, Koriander, Petersilienwurzel, Lorbeer und Pfeffer in die Brühe geben und zwanzig Minuten kochen. Gehackte Walnüsse, Tomatenmark, Petersilie, Safran, getrocknete Gewürze, roten Pfeffer und Salz zufügen und fünf Minuten köcheln lassen. Den Topf vom Herd nehmen. Knoblauchmark, klein geschnittene Koriander- und Basilikumblätter in die Suppe geben und fünf Minuten bei geschlossenem Deckel ziehen lassen. Heiß servieren.


## ∽ Hauptgerichte ∾

### Tolma

Zutaten:
200 g Kalbfleischfilet, 8 Quitten, 2 EL Pflanzenöl, 1 Zwiebel, 1 EL Weizenmehl, 1 TL Zucker, 2 EL Mandeln, 1 TL Zimt, schwarzer Pfeffer (gemahlen)

Zubereitung:
Das Fleisch kochen und klein hacken. Die Zwiebel klein hacken und anbraten. Fleisch mit Zwiebelmasse vermischen,

pfeffern, salzen und umrühren. Quitten schälen und den oberen Teil abschneiden, das Fruchtmark teilweise entfernen und die Quitten mit Fleischfarce füllen. Die Quittendeckel mit einem Zahnstocher wieder befestigen. Das entfernte Fruchtmark mit etwas Wasser übergießen und fünf Minuten mit geschlossenem Deckel kochen lassen. Mehl und Zimt in Butter anschwitzen und dazu das gekochte Fruchtmark in die Pfanne geben. Getrennt Zucker karamellisieren, etwas gekochtes Wasser zugeben und mit der Sauce mischen. Die Zahnstocher von den Quittendeckeln entfernen und das Ganze reichlich mit Sauce übergießen.

### Lobio mit Ei

Zutaten:
800 g Prinzessbohnen, 4 EL Gemüsebrühe, 200 g Butter, 8 Eier, 1 Bund Lauch, 1 Bund Petersilie, 1 Bund Oregano, 1 TL schwarzer Pfeffer (gemahlen), Salz, 1 Walnuss

Zubereitung:
Die Zwiebeln schälen und in Halbringe schneiden, die Prinzessbohnen waschen, salzen, pfeffern, die Zwiebeln dazugeben und alles kurz in Butter und etwas Brühe anbraten. Klein gehackten Koriander, Petersilie, Oregano, Lauch dazugeben und fertig braten. Das Ganze mit den verquirlten Eiern übergießen und im Ofen backen. Das fertige Gericht mit einer Walnuss garnieren.

## ꕥ Dessert ꕥ

### Walnuss-Tschurtschchela

<u>Zutaten:</u>
1½ l Traubensaft, 200 g Walnüsse, 200 g Weizenmehl, 100 g Zucker

<u>Zubereitung:</u>
Halbierte Walnüsse auf einen feuchten Zwirnfaden fädeln. Tatari (Sauce) vorbereiten: Den Traubensaft bei schwacher Hitze zwei bis vier Stunden kochen, regelmäßig Zucker hinzufügen, umrühren und unter Rühren aufkochen. Das Ganze auf 50 Grad abkühlen. Bei ständigem Umrühren das Mehl zugeben. Bei schwacher Hitze und ständigem Umrühren reduzieren, bis eine breiige Masse entsteht. Den Walnusszwirn im Fünf-Minuten-Abstand dreimal für jeweils eine halbe Minute in die heiße Tatari eintauchen. Die sich daraus ergebende Tschurschchela am Zwirn in der Sonne aufhängen und trocknen lassen, bis sie nicht mehr klebrig, aber immer noch weich ist. Das trockene Produkt in ein Küchentuch wickeln und in einem trockenen Raum zwei bis drei Monate reifen lassen. Die gereifte Tschurtschchela muss weich bleiben und bekommt dann eine leichte Puderzuckerschicht.

# UKRAINE

Die Ukraine ist ein osteuropäischer Staat zwischen Russland und Polen, ungefähr doppelt so groß wie die Bundesrepublik, aber mit einer niedrigeren Bevölkerungsdichte. Mit Bergen im Westen, Wäldern im Norden, Tomaten-, Kartoffel- und Rübenfeldern sowie zwei Meeren im Süden. In den großen Wäldern der Ukraine gibt es noch wilde Tiere, Hirsche, Hasen und Wildschweine, die zusammen mit dem Weizen, den Zwiebeln, Tomaten und Kartoffeln die ukrainische Küche wesentlich bestimmen.

Die russische und die ukrainische Geschichte sind eng miteinander verknüpft. Im elften Jahrhundert bildete die heutige ukrainische Hauptstadt das Zentrum des russischen Staates, bis sie von den Mongolen besetzt wurde. Danach wurde ein Teil der Ukraine polnisch, ein anderer Teil litauisch. Später wurde ein Teil österreichisch und ein Teil russisch, noch später wurde es noch mal anders. Bei den europäischen Monarchen schien es eine Zeit lang eine Art Lieblingssport zu sein, die Ukraine immer wieder neu zu teilen.

1917, nach der russischen Revolution, wurde die Ukraine zum Hauptschlachtfeld des Bürgerkriegs. Gleichzeitig entwickelte sich eine große Unabhängigkeitsbewegung. Beinahe jedes Dorf erklärte sich für autonom. Weiße, rote und grüne Armeen marschierten und marodierten durch die Ukraine, außerdem die deutsche kaiserliche Armee, die polnische Armee, die Anarchisten, die autonomen Bauernbanden, die Befreiungsarmee der Westukraine, die sozialistisch-revolutionäre Armee und sogar eine wilde Kosaken-Brigade, die alle in der Ukraine eigenes und fremdes Blut vergossen. Die unterschiedlichsten Parteien schlossen die verrücktesten Verträge, einstige Verbündete kämpften gegeneinander, einstige Feinde taten sich zusammen. Die Machtverhältnisse änderten sich beinahe jeden Tag.

Wie in jedem Krieg waren die Banditen am erfolgreichsten. Ihre Lieblingswaffe im Bürgerkrieg war die so genannte Tatschanka: Auf einem Leiterwagen mit mehreren Pferden wurde ein Maschinengewehr platziert, eine Mischung aus Angriffsfahrzeug und Fluchtwagen. Mit fünf Tatschankas konnte man jedes Dorf unabhängig machen, im Zweifelsfall aber auch schnell damit in die Steppe abhauen. Nach dem Ende des

Bürgerkrieges wurde die Ukraine in das Bündnis der sozialistischen Republiken aufgenommen. Sie spielte fortan in der Landwirtschaft der Sowjetunion eine wichtige Rolle und war unter anderem für die Produktion von Weizen und Tomaten zuständig.

Ab da ging es mit der Ukraine nur noch bergab, sie wurde größer und größer. Vor dem Zweiten Weltkrieg durch die Eingliederung Galiziens, nach dem Krieg kamen die Nord-Bukowina, Bessarabien und Ruthenien dazu. 1954 übergab die sowjetische Führung unter dem damaligen Generalsekretär Chruschtschow, der selbst ein Ukrainer war, die Halbinsel Krim der ukrainischen Föderation.

Die ukrainische Küche fütterte nahezu das ganze sozialistische Imperium, man nannte sie »Schitniza«, die Kornkammer des Landes. Das Beeindruckendste an ihrer Küche war und ist, wie man mit minimalem Aufwand ein tolles Essen zusammenstellt. Ein Stück Speck, eine Zwiebel, Brot, dazu ein Schnaps – fertig ist die Mahlzeit.

Als Kind wurde ich von meinen Eltern jeden Sommer zu meiner Oma nach Odessa geschickt. Ich musste gesünder werden, meinen Eltern Freiräume schaffen und gleichzeitig stellvertretend für sie ihre zahlreiche Verwandtschaft in Odessa besuchen. Ich hatte aber keine Lust auf Verwandtschaftsbesuche. Am Vormittag fuhr ich mit dem Bus zum Strand, Sonne tanken, am Nachmittag saß ich mit Oma auf dem Balkon – und aß.

Odessa war zwar ein Kurort, bei vielen Touristen beliebt, aber kein Nizza. In den Lebensmittelläden der Stadt gab es damals gar nichts, die sozialistische Versorgung hatte hier völlig versagt. Alle kauften auf dem Markt ein. Außerdem kamen täglich aus den umliegenden Dörfern und Kolchosen Bauern in die Stadt. Sie fuhren mit großen LKWs von Haus zu Haus und boten Lebensmittel direkt vom Feld an: klitzekleine Frühkartoffeln und riesengroße violette Tomaten der Sorte »Bullenherz«.

Wenn ein solcher Wagen bei uns auf den Hof fuhr und hupte, gingen die Bewohner mit ihren Körbchen nach unten und verhandelten mit den Bauern den Preis ihrer Waren mit einer Hingabe, die einen besseren Anlass verdient hätte. In der Dämmerung saßen dann alle Hausbewohner auf ihren Balkonen, brieten auf kleinen Elektroplatten die Frühkartoffeln mit Speck, aßen dazu ihre Bullenherz-Tomaten und tranken Wein.

Das ganze Haus roch, brummte, schmalzte und brutzelte wie der Speck in der Pfanne. Dabei führten die Nachbarn laute Gespräche von Balkon zu Balkon. Die Odessiten waren kommunikativ und offen, wie Kinder kamen sie mir vor. Wenn ich zum Strand fuhr oder durch die Stadt spazierte, sprachen mich ständig

Fremde auf der Straße an. Ihre Fragen hatten keinen praktischen Sinn. Ob ich den Film gestern im Ersten gesehen hätte, fragte mich plötzlich der Busfahrer. Und was ich von der Ernte dieses Jahr hielte, die Schaffnerin. Ein Fremder sagte zu mir in der Schlange, ich würde ihn an seinen längst verstorbenen Bruder erinnern und was ich dazu meinte? Es waren seltsame Fragen, für Moskauer Verhältnisse unvorstellbar.

Auch auf den Balkonen konnten sie nicht still sitzen.

»Haben Sie heute die Abendzeitung schon gelesen?«, rief zum Beispiel jemand vom ersten Stock.

»Nein, noch nicht. Was stand denn da?«, antwortete eine Stimme aus dem fünften.

Daraufhin bekam das ganze Haus die gesamte Abendzeitung laut nacherzählt. Danach verteilte man sein frisch erworbenes Obst mit Körben von Balkon zu Balkon. Die Odessiten waren schon immer besonders stolz auf ihre Früchte gewesen. In jedem Sommer wurden auf den Märkten Aprikosen, Kirschen und Äpfel eimerweise zu einem Spottpreis angeboten.

Im April 1986 ereignete sich auf ukrainischem Territorium eine der schrecklichsten Katastrophen des zwanzigsten Jahrhunderts – die Havarie des Tschernobyl-AKWs. Das war das Ende der Früchtemanie. Ein Jahr davor war meine Oma gestorben. Seitdem habe ich Odessa nicht mehr besucht.

# Die Besonderheiten
## der ukrainischen Hochzeit

»Das ist doch keine ukrainische Küche«, regte sich meine Nachbarin Genia auf, als ich ihr vom Frühkartoffelbraten auf den Balkonen Odessas erzählte. Genia lebt seit über zehn Jahren in Deutschland, trotzdem hat sie sich noch nicht ganz integriert. Statt wie alle Deutschen nach Mallorca, Teneriffa oder Indien in den Urlaub zu fahren, zieht sie es vor, ihre ganze Freizeit bei ihren Großeltern in dem kleinen westukrainischen Dorf Sagorow, »Hinterm Berg«, zu verbringen.

Genia selbst ist in der ukrainischen Industriestadt Charkow aufgewachsen, wo die ukrainische Küche nicht wirklich präsent war. Wir haben uns ausgetauscht: Die Charkower aßen genau das Gleiche, was auch in den russischen Großstädten gekocht wurde. Im Kindergarten gab es Kascha (Buchweizen-Grießbrei), Käsekuchen und Würstchen mit Kartoffelpüree, später in der Schule und in der Universitätskantine Buletten und Dorsch. Aber auf dem Land, in dem

Dorf Sagorow, wo die Menschen Zwiebeln wie Äpfel zum Frühstück vernaschen, hätten die alten geheimen Rezepte der ukrainischen Küche noch Gültigkeit, meinte Genia.

Das Dorf ihrer Oma ist gut vor Globalisierung und Zivilisierung geschützt. Es gibt keine Fluglinien, keine Zugverbindungen und keine Busse, die dorthin fahren. Es ist auch auf keiner Karte eingezeichnet und wird in keinem Reiseführer erwähnt. Nur wenige Einheimische kennen den Weg dorthin durch den Wald und über die Felder. Ein Fremder hat keine Chance, dieses Dorf zu finden, es sei denn, er wird von Einheimischen vom Bahnhof in Lugansk mit dem Traktor abgeholt.

Im Alltag haben die Einheimischen keine Zeit für die Zubereitung kulinarischer Genüsse. Sie müssen Kartoffeln und Tomaten pflanzen, Kühe melken und Schweine füttern. Ihre nationale ukrainische Küche entfaltet sich nur bei öffentlichen Feiern: Hochzeiten und Begräbnissen.

Jedes Jahr im Sommer bekommen die Ukrainer große Lust, Familien zu gründen. Jede Woche wird dann im Dorf geheiratet und gefeiert, später im Winter lassen sie sich wieder scheiden. Gestorben wird sehr selten, und wenn, dann einen gewaltsamen Tod. Die meisten Bewohner dort glauben an die heilende Kraft von

Zwiebeln zum Frühstück, und solange sie daran glauben, funktioniert es auch.

Das wichtigste kulinarische Ereignis auf dem Lande ist die ukrainische Hochzeit, eine harte Prüfung für die ganze Sippe. Es gelten eiserne Regeln für die Vorbereitung eines solchen Festes. Mit weniger als vierhundert Gästen wird eine Hochzeit nicht von der Bevölkerung wahrgenommen und gilt als ungültig. Jeder Haushalt muss Besteck und Geschirr für mindestens zweihundert Personen parat haben, sonst würde die Familie nie eine Braut beziehungsweise einen Bräutigam für ihren Nachwuchs finden. Gut, die ukrainischen Teller und Tassen mögen nicht so aufwändig gestaltet sein wie die in Europa. Es reicht schon, einen tiefen Teller, eine Gabel und ein Schnapsglas pro Gast zu besitzen. Manchmal kommt noch ein Löffel dazu. Wenn aber ein ganzes Bataillon von Gästen erwartet wird, kann auch der freundlichste Gastgeber überfordert sein.

Sobald der Hochzeitstag feststeht, kommen alle Hausfrauen aus der Nachbarschaft zusammen, um die Aufgaben untereinander aufzuteilen: Wer backt das Brot, wer macht die Blutwurst, wer ist für »Sweschanka« verantwortlich, das gebratene Frischfleisch mit Zwiebeln. Zwei Schweine werden in der Regel für die Zeremonie geopfert und vollständig bis auf die Haut zu verschiedenen Gerichten verarbeitet. Aus Kartoffeln werden »Draniki« gebacken, dünne Reibekuchen, die Genia lange Zeit für eine Besonderheit der ukrainischen Küche hielt und sehr überrascht war, als sie welche in einem deutschen Imbiss am Kölner Hauptbahnhof entdeckte. Wie die ukrainischen Draniki es bis nach Nordrhein-Westfalen geschafft haben, hat sie noch nicht herausbekommen. Anscheinend existierte im frühen Mittelalter eine Verbindung zwischen den Kulturen der beiden Länder. Anders als die Rheinländer würden die Ukrainer ihre Kartoffelpuffer jedoch niemals mit Apfelmus essen, sondern nur mit »Smetana« (Schmand).

Die ukrainische Hochzeit findet immer draußen an der frischen Luft statt. Tische und Bänke werden zu einer langen Reihe zusammengestellt. Als Erstes kommen selbst gebrannter Schnaps in Zwei-Liter-Flaschen sowie eingelegte Tomaten und Gurken auf den Tisch, außerdem eine frisch gebackene Polaniza – ein Brötchen von etwa einem halben Meter Durchmesser. Es wird mit den Händen auseinander gerissen und in riesengroßen Stücken verspeist.

Zu Anfang wird auf ein langes und glückliches Leben des Brautpaares angestoßen und dann bis zum Umfallen gegessen. Alles, was die Frauenbrigade mehrere Tage lang zubereitet hat, muss von den Gästen vernichtet werden. Es gibt bei ukrainischen Hochzeiten eigentlich nur einen Gang, aber der kann bis zu drei Tage dauern. Das gemeinsame Essen darf nur von Trinksprüchen und kurzen Prügeleien unterbrochen werden, die sich in regelmäßigen Abständen am Tisch ereignen. Zwischendurch wird auch noch getanzt und gesungen. Die gesamte Zeremonie wird in der Regel von einem Orchester begleitet, das folkloristische und moderne Hochzeitslieder in einer Endlosschleife zum Besten gibt. Jedes Jahr macht in der Ukraine ein neuer Hochzeitshit die Runde. Zurzeit ist es eine vom Volk geliebte Pop-Ballade mit dem umständlichen Titel: »Der Rauch deiner Mentholzigarette«. Das wird sich sicherlich im nächsten Jahr ändern. Bis es aber so weit ist, singen Alt und Jung im Chor den Refrain mit:

> *Du bist mit einem anderen zusammen*
> *Ich tröste mich bei fremden Damen*
> *Doch jedes Mal, wenn ich 'ne Fremde küsse*
> *Denke ich an dich, du meine Süße*
> *Wie eine Wolke steht vor meinen Augen*
> *Der Rauch deiner Mentholzigarette*
> *Yeah, yeah, yeah...*

# Ukrainische Küche

Alle Zutaten sind für vier Personen berechnet.

**(Achtung Knoblauch!)**

## ꙳ Vorspeisen ꙳

### Rote Bete mit Knoblauch

Zutaten:
600 g Rote Bete, 1 Zwiebel, 1 Gurke, 4 Knoblauchzehen, 100 g Pflanzenöl oder Mayonnaise, 1 TL Essig, Pfeffer, Salz

Zubereitung:

Variante A: Rote Bete waschen, kochen, abkühlen, schälen, in Würfel schneiden und in Öl anbraten. Den Knoblauch zerkleinern, Zwiebel klein hacken und mit Essig beträufeln. Die Zwiebelstückchen, den Knoblauch und die Rote Bete vermischen, salzen, pfeffern, mit Öl anmachen.

Variante B: Die gekochten Rote Bete reiben, dazu zerdrückten Knoblauch geben, mit Mayonnaise anmachen und mit frischen oder eingelegten Gurken dekorieren.

## Tomaten mit Knoblauch-Dressing

Zutaten:
6 Tomaten, 4 Eier, Kräuter
Für das Dressing: 6 Knoblauchzehen, 1 EL Essig, 2 EL Wasser, 1 EL Zucker, ½ TL Salz

Zubereitung:
Die Eier hart kochen, schälen, in Scheiben schneiden. Die Tomaten in Scheiben schneiden. Die Tomaten und die Eier fischschuppenartig auf einer Platte auslegen.
Dressing: Den Knoblauch schälen, mit Salz zerdrücken, dazu Zucker, Wasser und Essig geben, kalt stellen. Die Tomaten- und Eierscheiben mit dem Dressing begießen, die Kräuter klein hacken und darüber streuen.

## ⁓ Suppe ⁓

### Bortsch

Zutaten:
500 g Suppenfleisch, 4 Kartoffeln, 400 g Weißkohl,
1 Rote Bete, 100 g Tomatenmark, 100 g Schmand, Suppengrün, 1 Zwiebel, 20 g Schweinespeck, 4 Knoblauchzehen,
1 EL Butter, 1 EL Mehl, 1 Lorbeerblatt, Salz, Pfeffer

## Zubereitung:

Die Fleischbrühe kochen. Das Suppengrün und die Rote Bete in schmale Streifen schneiden. Die Zwiebel klein hacken. Die Rote Bete in die Pfanne geben, mit Tomatenmark, Essig und etwas Fleischbrühe fünfzehn Minuten dünsten. Das Suppengrün und die Zwiebel leicht in Butter anbraten, das Mehl dazugeben, fünf Minuten braten, etwas Brühe hinzufügen und das Ganze zum Kochen bringen. Die Kartoffeln in Würfel schneiden, den Weißkohl grob hacken. Die Kartoffeln, den Weißkohl und die Rote Bete in die Brühe geben, salzen, pfeffern und fünfzehn Minuten kochen. Das Suppengrün, das Lorbeerblatt, den Pfeffer hinzufügen und noch einmal fünfzehn Minuten kochen lassen. Den Topf vom Herd nehmen. Den Schweinespeck in Würfel schneiden, den Knoblauch klein hacken und in den Bortsch geben. Zwanzig Minuten ziehen lassen. Mit Schmand und klein gehackter Petersilie servieren.

## ⁓ Hauptgerichte ⁓

### Gefülltes Ferkel

Zutaten:
1 Ferkel, 1 Zwiebel, 1 Möhre, 2 EL Paniermehl, Petersilie, Salz, Pfeffer, Muskatnuss
Für die Füllung: 800 g gemischtes Hackfleisch,
200 g Schweinespeck, 8 Eier, 300 ml Milch, 50 ml Kognak

Zubereitung:

Die Milch, die Eier und den in kleine Würfel geschnittenen Speck in das Hackfleisch geben, das Ganze salzen und pfeffern. Muskatnuss und Kognak hinzufügen und umrühren. Das Ferkel der Länge nach im Bauchhöhlenbereich aufschneiden. Die Rippen und die Wirbelsäule entfernen. Mit der Füllung ausstopfen. Den Bauch mit Bindfaden zunähen, das Ferkel in ein Mulltuch wickeln und dieses mit Bindfaden zunähen. Das Ferkel und die Knochen in einen Topf geben, den Topf mit Wasser auffüllen. Die geschälte Zwiebel, die Möhre und Petersilie hinzugeben, das Wasser zum Kochen bringen, salzen, pfeffern und zwei Stunden köcheln lassen. Die Ferkel-Mumie herausnehmen, das Mulltuch abnehmen und die Mumie in die Form eines liegenden Ferkels bringen. Das Ferkel auf dem Backblech platzieren. Das Gericht mit Paniermehl bestreuen und im Ofen backen, bis die Kruste eine goldene Farbe annimmt.

## Rudelki

Zutaten:

500 g Hühnerfleisch, 2 Eier, 2 EL Mehl, 50 g Butter, Salz, Pfeffer

Für das Omelett: 6 Eier, 2 Zwiebeln, 4 Knoblauchzehen, 100 ml Milch, Salz

## Zubereitung:

Das Hühnerfleisch klein hacken, die Eier, das Salz und den Pfeffer dazugeben, gut verrühren. Daraus kleine Buletten formen, in Mehl panieren und von beiden Seiten anbraten. In eine eingefettete feuerfeste Form legen. Die Eier mit der Milch verquirlen, die Zwiebeln und den Knoblauch klein hacken, salzen, vermischen und über die Buletten gießen. Zehn Minuten bei 180 Grad im Ofen backen.

### Fischrolle »Das Geheimnis«

## Zutaten:

400 g weißes Fischfilet, 50 g Speck, 2 TL Essig, 4 Knoblauchzehen, 2 TL Gelatine, Salz, Meerrettich

## Zubereitung:

Das Fischfilet weich klopfen, salzen, mit Essig beträufeln und zwei Stunden marinieren. Danach den klein gehackten Knoblauch und die trockene Gelatine darüberstreuen und eine weitere Stunde stehen lassen. Das vorbereitete Fischfilet auf das Backpapier legen, dünn geschnittene Speckscheiben darauf verteilen, zusammenrollen und mit einem Bindfaden befestigen. Eine Stunde dämpfen, das Gericht abkühlen lassen und anschließend auseinander rollen. Mit Meerrettich servieren.

## ～ Dessert ～

### Kirsch-Wareniki »Unabhängige Ukraine«

<u>Zutaten:</u>

<u>Für den Teig:</u> 600 g Weizenmehl, 1 Ei, 130 ml Milch, 1 TL Salz, 2 TL Zucker

<u>Für die Füllung:</u> 800 g Sauerkirschen (frisch oder aus dem Glas), 1 EL Stärke

<u>Zubereitung:</u>

Aus dem Mehl, dem Ei, der Milch, dem Salz und Zucker einen Teig zubereiten. Den Teig mit einem Küchentuch abdecken und vierzig Minuten ruhen lassen. Die frischen Sauerkirschen waschen und entkernen. Mit dem Zucker und der Stärke bestreuen und vier Stunden stehen lassen. Die Kirschen durch ein Sieb abgießen. Den Teig zwei Millimeter dünn ausrollen und mit einem Glas runde Scheiben ausstechen. In die Mitte die Füllung legen, die Ränder umklappen und in leicht gesalzenes kochendes Wasser geben. So lange kochen, bis die Wareniki auf der Wasseroberfläche auftauchen. Dies ist ein Zeichen, dass sie fertig sind. Die Wareniki aus dem Wasser nehmen. Das fertige Gericht warm oder kalt mit Crème fraîche servieren.

# ASERBAIDSCHAN

Aserbaidschan ist ein westasiatischer Staat am Kaspischen Meer, ungefähr so groß wie Bayern, nur ohne Biertrinker und mit noch mehr Sonnentagen im Jahr. Im Norden grenzt Aserbaidschan an Russland, im Süden an den Iran, westlich davon liegt Armenien. Zu Sowjetzeiten war Aserbaidschan mit seiner Hauptstadt Baku eine multinationale sozialistische Republik: Armenier, Georgier, Russen, Kurden und Ukrainer lebten hier friedlich neben- und miteinander. In den Hinterhöfen saßen die Nachbarn oft beisammen an einem Tisch und grillten alles, was sie in die Hände bekamen: Fisch, Fleisch, Gemüse. In den Teehäusern tranken die Einheimischen starken Tee aus kleinen Gläsern und aßen dazu Zuckerhüte, die mit einer Zange zerkleinert wurden. Die fortschrittliche Jugend von Baku verkehrte im »Intourist« und im Restaurant »Der Ölarbeiter«, in dem gelegentlich die armenisch-aserbaidschanische Heavy Metal Band »Black Gold« aufspielte. Tee, Konfitüre und der Portwein Agdam aus der gleichnamigen Stadt in Aserbaidschan wurden in alle Teile der Sowjetunion exportiert. Tee und Konfitüre aus Aserbaidschan waren begehrte Qualitätswaren und Agdam das beliebteste Getränk aller Alkoholiker: billig wie Limonade und knalliger als Wodka. Nach einem Glas lag man bereits flach.

Nach dem Zerfall der Sowjetunion konnte sich der von oben verordnete aserbaidschanische Internationalismus nicht mehr lange gegen die neuen so genannten Nationaldemokraten durchsetzen. Die Region versank in einem Meer von Gewalt, in kleinen und großen Bürgerkriegen. Der größte Konfliktherd lag zwischen Aserbaidschan und Armenien und hieß Karabach – »Schwarzer Berg«. Die Mehrheit der Bevölkerung dort war armenisch, das Land gehörte aber seit Sowjetzeiten zu Aserbaidschan. Wie bei jedem ernsten Konflikt, bei dem es um historische Gerechtigkeit geht, hatten beide Seiten Recht und scheuten deswegen vor nichts zurück, um dieses Recht durchzusetzen. Terror, Deportationen, Massenmorde unter der Zivilbevölkerung, Geiselnahmen und ein zweijähriger Krieg verwandelten diese einst paradiesische Landschaft in verbrannte Erde. Die aserbaidschanische Volksfront, die armenische nationale Armee und die Befreiungsarmee von Karabach metzelten einander so lange nieder, bis nur noch Uniformierte durch die Gegend zogen. Zwischen den Fronten stand noch die sowjetische Armee, mit dem strengen Befehl, die Demokratie und den Drang der Bevölkerung zur Selbstbestimmung in der Region zu schützen sowie alle Konflikte einzudämmen, aber ohne Waffengewalt. Es waren widersprüchliche Befehle, die schwer auszuführen waren, aber wohl doch ein noch größeres Blutvergießen verhinderten.

Die sowjetische Armee verhielt sich in diesem Konflikt neutral. Sie schoss ganz selten und nur dann, wenn sie privat für viel Geld von der einen oder anderen Seite engagiert wurde oder wenn – wie einmal in der berühmten Portweinstadt Agdam – russische Soldaten am Bahnhof von den Volkskämpfern unter die Räder eines Zuges geworfen wurden.

Wie nach jedem Gerechtigkeitskrieg wurde das Leben in der Region danach noch ein Stück ungerechter. Politisch entwickelte sich Aserbaidschan in den Neunzigerjahren sehr turbulent, mit putschenden Obersten, Präsidenten auf der Flucht und Volkstribunen, die permanent aus dem Gefängnis ausbrachen, um wenig später wieder dort zu landen.

Trotz dieser Entwicklung ist aber im heutigen Aserbaidschan irgendwie doch alles beim Alten geblieben. An der Macht sind die gleichen Leute, die man noch aus Sowjetzeiten kannte, und der Präsident ist der ehemalige Erste Sekretär der Kommunistischen Partei. Seine Partei heißt nun »Neues Aserbaidschan«, ähnelt aber physiognomisch sehr der alten.

Armenier, Russen, Ukrainer und sogar viele Aserbaidschaner haben die Republik verlassen. Die Eisenbahnverbindungen nach Norden und Westen wurden stillgelegt, die Schienen entfernt, wildes Getreide wächst zwischen den Gleisen, der Auftritt einer Heavy Metal Band ist heute in Baku nur noch schwer vorstellbar. Die aserbaidschanische Küche ist jedoch auch in der postsowjetischen Gastronomie präsent und beliebt geblieben. Besonders im Winter gehen die Leute zum Beispiel im verschneiten Moskau gern zum Aserbaidschaner, vor allem wegen des sehr guten Tees, den man dort in großen Kannen serviert bekommt, mit Weißkirschkonfitüre, die nach wie vor nur am Kaspij richtig eingekocht wird.

## Lula Kebap

Einige mögen denken, diese ganzen regionalen Rezepte sind nur ein Spaß für den Magen – aufgegessen und vergessen. Ich aber weiß, dass der Verzehr eines Nationalgerichtes nachhaltige Folgen für das ganze Leben haben kann. Ein Bekannter von mir, den ich auf einer Lesereise durch die neuen Bundesländer kennen lernte, erzählte mir einmal, wie das aserbaidschanische Gericht »Lula Kebap« sein damals anarchisches Studentenleben in die richtige Bahn lenkte.

Zu DDR-Zeiten war er, Leo, im Rahmen eines Studentenaustauschs nach Baku geschickt worden. Er sollte an dem dortigen Öl-Institut wichtige Kenntnisse über Öl-Verarbeitung und Öl-Transport erwerben. Er freute sich sehr darauf. Damals waren die Ausländer in Aserbaidschan wie überall in der Sowjetunion herzlich willkommen. Als junger deutscher Student genoss er bei seinen Kommilitonen großen Respekt, und die Lehrer behandelten ihn mit Nachsicht. Er hatte quasi eine gehobene Stellung am Institut inne, ohne irgendetwas dafür tun zu müssen. Das war Leo nur recht, er sah sich eher als Völkerverständiger, Abenteurer und Mädchenschwarm und nicht als Kreidefresser. Außerdem gab es in der DDR sowieso kein Öl.

Leo führte also ein angenehmes Studentenleben, ging zum Strand, in Restaurants und Diskotheken und dankte Gott und Honecker dafür, dass sie ihm einen solch sonnigen Studienplatz beschert hatten. Nach einem Monat lernte er Leila kennen, ein etwas molliges Mädchen mit schwarzen Haaren und hellbraunen Augen. Sie war gerade mit der Schule fertig geworden, drei Jahre jünger als er und besuchte den Vorbereitungskurs des Öl-Instituts. Trotz mangelnder Sprachkenntnisse beiderseits entwickelte sich zwischen ihnen eine Art Romanze. Leila flirtete gerne mit Leo, er lud sie ins Kino ein, sie lehnte ab unter dem Vorwand, sie habe einen sehr strengen Vater. Wenn der das erführe, würde der deutsche Student noch schneller seinen Kopf verlieren als einst Hadschi Murat. Sie durften aus diesem Grund auch nicht zusammen in der Teekantine sitzen, weil dort Männer saßen, die möglicherweise Leilas Vater kannten. Zum Strand durften sie ebenfalls nicht. Außerdem durfte er sie nie nach Hause begleiten. Also saßen sie oft stundenlang auf einer Bank im kleinen Park hinter dem Institut, schwänzten den Unterricht und küssten sich vorsichtig. Gerade das Abenteuerliche daran erregte Leo sehr. Er fühlte sich wie Romeo im Kaukasus, auf Leben und Tod der Wachsamkeit von Leilas Eltern preisgegeben, die er noch nie gesehen hatte. Dennoch regte er sich über die wilden Sitten auf, die den Mädchen das Ausgehen verboten.

Leila sagte nichts dazu. Eines Tages lud sie ihn zu sich nach Hause ein, zu einem Familienessen. Ihr Vater würde Lula Kebap kochen, und sie wolle die Gelegenheit nutzen, um Leo ihren Eltern vorzustellen. Leo bereitete sich auf eine pädagogische Diskussion mit dem Vater vor, er wollte ihm erklären, dass die Zeiten sich seit dem Mittelalter geändert hatten und die Jugendlichen mehr Freiheit brauchten, um Selbstbewusstsein zu entwickeln. Seitens des Vaters erwartete er alle möglichen Provokationen und machte sich auf alles gefasst.

Leila wohnte in einem großen alten Haus am Rande der Stadt, mit einem hohen Zaun und betoniertem Hof. Genauso hatte sich Leo den Hort der Rückständigkeit vorgestellt. Der Vater entpuppte sich jedoch als ganz sympathischer, freundlicher Mann. Er hieß Leo herzlich willkommen. Beim Essen lernte er die Großfamilie kennen, alles nette, höfliche Menschen: die Mutter Nargis, der Vater Vagis und die Brüder Tofik,

Aidim und Elchin. Das Kochen schien hier eine Sache der Männer zu sein. Alle saßen an einem großen Tisch. Der Vater formte aus dem gehackten Fleisch kleine Bällchen, briet sie in der Pfanne kurz an und verteilte sie dann auf die Teller, zusammen mit Adschicka, einer feurigen Pfeffertomaten-Sauce. Die erste Portion bekam immer der Gast, danach waren die Familienmitglieder an der Reihe. Gleichzeitig fragte der Vater Leo über seine Zukunftspläne aus sowie über die wirtschaftliche Situation in der DDR.

Leo konnte sich auf die Fragen des Vaters nicht richtig konzentrieren. Immer wieder blieb er dem Vater eine ausführliche Antwort schuldig, sagte entweder »Uh-Uh« oder nickte nur zustimmend. Schuld daran war das Lula Kebap. Nach drei Tellern war Leo satt, saß mit vollem Mund da und dachte fieberhaft darüber nach, wie er die überschäumende Gastfreundschaft des Vaters dämpfen konnte, ohne unhöflich zu wirken. Aber jedes Mal, wenn er irgendetwas über das Essen sagte, freute sich der Vater, und Leo bekam eine doppelte Portion. Von Leila wusste er, dass ein Familienessen eine heilige Zeremonie ist. Seine Russischkenntnisse gaben aber keine Zauberformel zur Beendigung des Abfütterns her. »Das hat aber gut geschmeckt«, sagte Leo zum Beispiel und wischte sich die Hände ab. Aber es funktionierte nicht. Sofort bekam er noch einen Teller. Er versuchte es daraufhin mit: »Oh, ich glaube, ich kriege nichts mehr runter.« Der Vater lächelte dazu nur milde und briet sofort eine Zugabe an.

Als Repräsentant der DDR im Ausland wollte Leo auf gar keinen Fall das Gesicht verlieren. Er verließ sich ganz auf das Schicksal und aß weiter vor sich hin. Nach einer knappen Stunde fühlte er sich, als hätte man ihn aufgepumpt, er konnte sich kaum noch bewegen. Mit Schrecken dachte er an die bevorstehende Fahrt durch die ganze Stadt zurück zum Studentenwohnheim. Dafür hatte er jedoch die Prüfung durch die Familie anscheinend gut bestanden. Der Vater wirkte sehr zufrieden und bot ihm an, bei ihnen zu übernachten. Ein Recht auf das Gästezimmer besaßen eigentlich nur die engsten Verwandten. Leo wurde damit also eine große Ehre erwiesen.

Nachts konnte er nicht einschlafen. Das Lula Kebap drehte sich in seinem Magen und machte laute Geräusche. Leo schaute aus dem Fenster zu den Sternen und dachte darüber nach, was er eigentlich hier machte, tausende Kilometer von seiner Heimat entfernt, als Romeo im Kaukasus. Er stand auf. In der Dunkelheit tappte er auf der Suche nach einer Toilette durch das Haus. Alle Türen sahen gleich aus, und alle waren zu. Leo wanderte eine Weile umher, bis er ein kleines Türchen fand, das leicht geöffnet war. Endlich, dachte er und ging hinein, immer die Wand entlang, die Hände nach vorne gestreckt auf der Suche nach einem Lichtschalter. Etwas stand ihm plötzlich im Weg, Leo verlor das Gleichgewicht und stürzte auf etwas Lebendiges, Weiches und Duftendes. Das ist ganz sicher keine Toilette, dachte er noch und wollte sich schon entschuldigen. Aber eine Sekunde später ging das Licht an, draußen bellte der Hund, und Leo saß, nur mit einer Unterhose bekleidet, auf Leilas Bett. In der Tür standen die Mutter Nargis, der Vater Vagis, die Brüder Tofik, Aidim und Elchin mit Gewehren in der Hand und starrten ihn an.

Anders als bei Shakespeare ging diese Geschichte ohne Blutvergießen aus. Seit sechzehn Jahren sind Leo und Leila glücklich verheiratet. Sie haben zwei Jungs und leben in Chemnitz. Leo arbeitet als Wirtschaftsprüfer und Steuerberater, zusätzlich verkauft er Versicherungen. Leila ist Hausfrau und erzieht die Kinder. Einmal im Jahr, im Sommer, kommt ihre Familie aus Baku zu Besuch. Dann brät der Vater Lula Kebap in der Küche, es duftet im ganzen Haus, und alle Nachbarn werden neidisch. Leo mag die Familie sehr, ist allerdings über deren Lieblingsgericht Vegetarier geworden.

## Aserbaidschanische Küche

Alle Zutaten sind für vier Personen berechnet.

### ∼ Vorspeisen ∼

#### Schekinsti-Salat

Zutaten:
6 Tomaten, 1½ Gurken, 1 Paprika, 1 Bund Lauch, 1 Bund Koriander, 1 Bund Basilikum, 1 EL Weinessig, schwarzer Pfeffer (gemahlen), Salz

Zubereitung:
Tomaten, Gurken und Paprika waschen, bei der Paprikaschote Stängelreste und Kerne entfernen. Gemüse in Würfel schneiden. Zwiebeln und Kräuter klein hacken, mit Essig übergießen, pfeffern, salzen. Fertig.

#### Grünkükü

Zutaten:
2 Bund Lauch, 100 g Butter, 1 Bund Koriander, 1 Bund Dill, 2 Bund frischer Spinat, 8 Eier, Salz

Zubereitung:
Die klein geschnittenen Zwiebeln anbraten, mit klein gehackten Kräutern und Spinat mischen, salzen, verquirlte Eier darübergeben und zehn Minuten im Ofen backen. Kükü in Rhomben schneiden und mit zerlassener Butter übergießen. Heiß oder kalt servieren.

## ∾ Suppe ∾

### Toug Scharba

Zutaten:
400 g Hühnerfleisch, 1,2 l Wasser, 100 g Reis, 2 Zwiebeln, 2 EL Butter, 2 EL Erbsen, 4 Mirabellen, 1 Bund Koriander, 1 TL Safran, 1 TL getrocknete Minze, Salz

Zubereitung:
Das Hühnerfleisch waschen und kochen. Den Reis mit kaltem Wasser übergießen und zwei Stunden stehen lassen. Safran in 100 Milliliter kochendes Wasser geben und zwanzig Minuten ziehen lassen. Den Reis im Sieb abtropfen lassen und zusammen mit den klein geschnittenen passierten Zwiebeln in die Brühe geben. Nach dreißig Minuten Erbsen, Mirabellen, Safranaufguss und Salz zugeben und zehn Minuten köcheln lassen. Hühnerfleisch von den Knochen lösen, in Stückchen schneiden und mit klein geschnittenem Koriander wieder in den

Topf geben. Noch einmal erhitzen. Beim Servieren mit getrockneter Minze bestreuen.

## ~ Hauptgerichte ~

### Lammkükü

Zutaten:
200 g Lammfilet, 2 EL Butter, 3 Kartoffeln, 2 Eier, 1 Zwiebel, 1 Bund Koriander, 1 Bund Dill, 1 TL Zimt, schwarzer Pfeffer (gemahlen), Salz

Zubereitung:
Das Lammfleisch in Wasser kochen, in Streifen schneiden und in eine mit Butter eingefettete Pfanne legen. Die Kartoffeln kochen und in Scheiben schneiden. Zwiebeln in Halbringe schneiden, das Fleisch mit Kartoffeln und Zwiebeln belegen. Die geschlagenen Eier mit den gehackten Kräutern mischen und darüber gießen. Mit Zimt und Pfeffer würzen und im Ofen ca. zehn Minuten backen.

### Fisindjan

Zutaten:
200 g Kidneybohnen, 200 g Walnüsse, 3 Zwiebeln, 100 g Butter, 1 TL Essig, 2 Bund Koriander, schwarzer Pfeffer (gemahlen), Salz

## Zubereitung:

Die Kidneybohnen und Walnüsse klein hacken. 2 Zwiebeln klein hacken, anbraten und dazugeben. Mit Essig, Salz und Pfeffer würzen und umrühren. Mit klein gehackten Kräutern und in Ringe geschnittenen Zwiebeln servieren.

## ∽ Dessert ∾

### Kaisaba

## Zutaten:

200 g getrocknete Aprikosen, 2 EL Butter, 100 g Mirabellen, 100 g Granatapfelsaft, 2 EL Wasser, 1 EL Zucker

## Zubereitung:

Mirabellen in Butter braten, bis der Saft austritt. Getrocknete Aprikosen zugeben und weiterbraten, bis eine goldene Kruste entsteht. Granatapfelsaft, Zucker und Wasser zugeben und zum Kochen bringen. Kalt oder warm servieren.

# SIBIRIEN

All die Jahre in Deutschland staunte ich nicht schlecht über das starke, fast krankhafte Interesse der Einheimischen an Sibirien. Die Region scheint eine so große Anziehungskraft auf die Menschen hier auszuüben wie Paris auf die Russen. Diese Stadt wurde nicht nur als europäische Metropole angesehen, sondern als Gegenpol zum eigenen Alltag, in dem die Sehnsucht nach dem Schönen und die Angst vor dem ganz Anderen verschmolzen.

»Wo kommen Sie her? Aus Sibirien?«, fragten mich oft vor allem ältere Menschen. Wenn sie erfuhren, dass ich nicht aus Sibirien, sondern aus Moskau stammte, verloren sie jegliches Interesse an dem Gespräch. In keinem Fernsehprogramm der Welt werden so viele Dokumentarfilme über die sibirische Wunderwelt gezeigt wie in Deutschland, und das seit Jahrzehnten. Langweilig wird es nie. Jedes Jahr um Weihnachten begibt sich der deutsche Fernsehzuschauer auf eine imaginäre Reise durch die Taiga. Mit einer Tasse Glühwein und einer warmen Decke auf dem Schoß lässt es sich wunderbar durch Sibirien reisen. Und der Opa kann auch noch etwas dazu erzählen.

Nicht anders im Buchhandel. Sobald irgendwo auf der Welt ein Buch über Sibirien erscheint, egal, ob ein Liebesroman oder ein wissenschaftlicher Beitrag einer geologischen Schürfexpedition, wird es sofort ins Deutsche übersetzt. Kein Volk der Welt hat eine dermaßen umfangreiche Literatur über Sibirien hervorgebracht wie die Deutschen. Allein der Schriftsteller Heinz Konsalik hat in den Sechziger- und Siebzigerjahren mehr über die Taiga geschrieben als der sowjetische Schriftstellerverband insgesamt. Jedes Jahr landete Konsalik dutzende von Taiga-Titeln, die, gemessen am Verkaufserfolg, jeden Harry Potter in den Schatten gestellt hätten: *Sibirisches Roulette*, *Die Verdammten der Taiga*, *Ein Kreuz in Sibirien*, *Transsibirischer Express*, *Natalia, ein Mädchen aus der Taiga* und so weiter. Meine Moskauer Freunde, die traditionell im Sommer mit Rucksäcken für mehrere Wochen in die Wälder ziehen, um sich dort vom Stadtleben zu erholen, erzählten mir, dass sie nirgendwo so viele deutsche Touristen getroffen hätten wie im vergangenen Jahr am Baikalsee.

Bei den russischen Abenteuerurlaubern sind die heimischen Reiseziele inzwischen verpönt, sie bevorzugen die Kanarischen Inseln oder fliegen nach Ägypten und Tunesien zum supergünstigen Russentarif, statt in Sibirien die dicken Mücken zu ernähren. Also tummeln sich rund um den Baikalsee hauptsächlich ausländische Reisegruppen, Amerikaner, Holländer und vor allem Deutsche. Eine solche Gruppe, die mehrheitlich aus älteren Leuten bestand und deutlich leichtsinnig ausgerüstet war, trafen meine Freunde mitten in der Taiga.

»Da sind welche aus Stalingrad, die nicht mitbekommen haben, dass der Krieg zu Ende ist, und die noch immer nach einem Ausweg aus dem Kessel suchen«, witzelte ihr russischer Reiseleiter. Zusammen wollten sie die Fremden mit einem unverschämten »Hände hoch! Hitler kaputt!« erschrecken. Die Deutschen bemerkten sie aber zuerst. Es war eine Reisegruppe aus Bayern, die sich tatsächlich ein wenig verlaufen hatte und müde, aber fasziniert von der Schönheit des Landes war.

»Wir kommen jedes Jahr hierher«, erzählten die Deutschen. Meine Freunde, die gern durch Kalifornien oder Indien ziehen würden, konnten eine solch innige Taiga-Liebe nicht nachvollziehen. Auch ich konnte es ihnen nicht wirklich erklären. Sibirien hatte lange Zeit in der deutschen Geschichte eine geradezu mythische Rolle gespielt. Mal war es das Paradies und mal die Hölle. Die russischen Zaren wollten diese an Bodenschätzen überaus reiche, aber kaum bewohnte Region mit guten, fleißigen Arbeitnehmern besiedeln. Die sibirische Urbevölkerung war großenteils nomadisch und schamanistisch, das heißt für große Bau- und Schürfvorhaben nicht zu haben. Sie betete viele Götter an und hatte dementsprechend jede Menge zu tun. Allein der burjatische Hauptgott vom Baikalsee, Burchan, will als Gabe jeden Tag irgendetwas Weißes bekommen, am liebsten Milch.

Den Russen diente Sibirien lange Zeit als Zufluchtsort – es bot jede Menge Möglichkeiten, sich der Staatsgewalt zu entziehen. Soldaten, die aus der Armee geflohen waren, oder Andersgläubige, die von der orthodoxen Kirche schikaniert wurden, Kosaken, die autonom leben wollten, oder Beamte, die die Staatskasse verspielt beziehungsweise erleichtert hatten, mit einem Wort: Alle, die nicht wussten, wohin, setzten sich in die Taiga ab. Diese Leute eroberten zwar Stück für Stück das Land, aber auch sie waren keine brauchbaren Arbeitnehmer. Mit großzügigen Landgeschenken und Prämien lockten die russischen Herrscher deswegen immer wieder Deutsche nach Sibirien. Sie brauchten loyale Bürger, die mit dem staatlichen Eigentum genauso behutsam umgingen wie mit ihrem eigenen.

Der letzte Ministerpräsident Stolypin warb bis zur

Revolution deutsche Gastarbeiter an. Die Regierung übernahm alle Umzugskosten, und jede Familie bekam fünfzehn Hektar Land vom Zaren geschenkt. Das war für viele Deutsche verlockend. Über hundert Dörfer entstanden so in der Taiga. Die Deutschen erwiesen sich als fleißig und ließen sich von den Mücken nicht entmutigen. Wenn sie reich geworden waren, wollten sie allerdings mit ihrem ganzen Hab und Gut wieder zurück nach Deutschland. Das ging gegen die Pläne der russischen Regierung. Mit allen Mitteln versuchte sie, die Deutschen in Sibiren zu halten.

Und so entstand eine Art Tradition: Ob Weltkrieg oder Revolution, hinterher landeten sofort haufenweise Deutsche in Sibirien. Kriegsgefangene und Kriegsverweigerer, Kommunisten oder Antikommunisten, Russlands Freunde und Russlands Feinde, sie alle fanden sich im sibirischen Schnee wieder, bauten dort Eisenbahntrassen, holten Rohstoffe aus der Erde, errichteten Fabriken und schrieben die Geschichte der Eroberung Sibiriens fort. Zu manchen Zeiten gab es in Sibirien mehr Deutsche als Burjaten, die aber ihr Leben in Sibirien im Gegensatz zu vielen Deutschen nicht als Zumutung empfanden. Sie schmückten ihre buddhistischen Dazan-Hütten mit bunten Stoffen und gossen fleißig weiter Milch in den Baikal zu Ehren von Burchan, der sich dafür regelmäßig mit gutem Wetter bedankte.

Das Märchen vom guten Leben in Sibirien hat sich im Bewusstsein der Deutschen mit den Geschichten über die grausamen Sibirienzwangsaufenthalte der Nachkriegszeiten vermischt. Als Helmut Kohl Boris Jelzin in Sibirien besuchte, saßen sie zusammen in einer Sauna am Baikalsee.

»Wir Russen«, prahlte Jelzin, »lieben es, nach dem Schwitzen in ein Eisloch zu springen.«

Kohl sprang daraufhin sofort auf und ließ sich, ohne mit der Wimper zu zucken, in das eiskalte Wasser des Baikalsees plumpsen. Jelzin tat so, als wolle er es ihm nachtun, ging aber gleich wieder in die Sauna zurück. Toll, dachte ich, als diese Szene im Fernsehen gezeigt wurde. Ab jetzt muss jeder deutsche Kanzler mindestens einmal im Jahr in den Baikalsee springen, denn nach wie vor gilt: Die Angst vor Sibirien soll überwunden werden.

Diese nach wie vor reiche und dünn besiedelte Region rückt immer mehr ins Visier der ausländischen Investoren. Gern würden die westlichen Eliten ihr Kapital in die Eroberung Sibiriens stecken und auch so reich werden wie die russischen Oligarchen, die alle, ohne Ausnahme, ihre Gewinne mit sibirischen Bodenschätzen gemacht haben. Nur gibt es nach wie vor einen großen Arbeitskräftemangel in der Taiga, und auf die Russen ist kein Verlass. Sie erzählen bloß, wie gern sie ins kalte Baikalwasser springen, lassen aber den anderen immer den Vortritt. Und die Burjaten haben nach wie vor jede Menge mit ihren Göttern zu tun.

Übrig bleiben Millionen Arbeitslose aus Europa, vor allem Deutsche, die schon mehrfach Erfahrungen in Sibirien gesammelt haben. Deswegen werden hier zu Lande die Stimmen lauter, die behaupten: »Der Marsch zu neuem Wohlstand wird weit, der Weg steinig sein. Aber Bange machen gilt nicht. Auf also nach Sibirien – ohne Zaudern, ohne Angst!« So stand es neulich auch in einer Hamburger Zeitung. Es gibt viel zu tun! Die Baikal-Amur-Magistrale zu Ende bauen! Eine Autobahn von der Mongolei bis nach Spanien wäre auch nicht schlecht. Oder die A1 von Aachen durch Königsberg weiter bis nach Irkutsk verlängern. Also nichts wie weg, ab nach Sibirien, wo einem die Gurken ins Maul wachsen.

## Beeren und Bären

Ein durchschnittlicher Sibirjake ist groß und kräftig, ob Frau oder Mann. Die Menschen wachsen schneller in der Kälte, weil sie einfach mehr Gesundheit, mehr Abwehrkräfte brauchen, um den schweren Wetterbedingungen zu trotzen. Die kräftigsten Jungs und die üppigsten Mädchen, die ich jemals kennen gelernt habe, stammten alle aus dem Norden. Deswegen essen und trinken die Sibirier viel. Einmal habe ich in Berlin eine Theatergruppe aus Omsk betreut. Deren Mitglieder hatten es nicht leicht, sich auf europäische Diät umzustellen. Die hiesigen Portionen lösten bei ihnen nur müdes Lächeln aus, selbst eine Double Big Pizza hielten sie für ein Kindergericht. Zum Frühstück schnitten sie die Brote nicht quer, sondern längs auf, die Wurst ebenso. Sie mussten so viel essen, weil sie so groß waren.

Man könnte an dieser Stelle sagen, gerade weil sie so viel essen, sind sie so groß geworden, und wenn sie nicht aufhören, werden sie nur noch größer. Das kann man natürlich so sehen, obwohl ich viele dünne Menschen kenne, die sehr viel essen, und andersherum viele Dicke, die fast ausschließlich von der Liebe leben. Ich glaube, im Fall von Sibirien ist die Größe eine natürliche Reaktion auf die Härte der Natur. Die Menschen dort sind freundlich und zurückhaltend. Sie werden aber auch so gut wie nie von anderen angemacht. Was hat es für einen Sinn, mit einem Mann zu streiten, dessen Hände groß wie Klosettdeckel sind? Ebenso, eine Frau anzubaggern, der man gerade bis zu den Schultern reicht, es sei denn, man steht auf so etwas. Die Kinder Sibiriens sind wie füreinander bestimmt, und auch ihre Küche passt perfekt zu ihnen.

Sibirische Gerichte überzeugen nicht nur durch die schiere Größe, sondern auch durch ihre Qualität. Man sagt, dass Ost und West sich auf dem sibirischen Tisch treffen. Die vielen Einwanderer, die einst versucht haben, dieses Land zu bezwingen, waren keine Gourmets, doch sie waren erfindungsreich und verdammt hungrig. Die sibirischen Landschaften, Wälder, Seen und Flüsse belieferten sie mit allen notwendigen Zutaten, die aber nicht leicht zu beschaffen waren. Die meisten Zutaten sind hier ebenfalls groß und haben scharfe Zähne. Außerdem sind sie meist selbst hungrig und greifen Menschen an, mit Ausnahme von Pilzen und Beeren, die friedlich vor sich hin reifen, dafür aber an Orten, die man nur unter Lebensgefahr erreichen kann. Deswegen hat die sibirische Küche den Beigeschmack eines Überlebenskampfes. Die Beute muss groß sein, damit man Vorräte für schlechte Zeiten anlegen kann.

Die Sibirier essen gern Fisch. Der Fisch ist groß, stark und lebt in tiefen Gewässern. Es gibt dutzende von Fischarten in Sibirien mit Namen, die einem Europäer nichts sagen, zum Beispiel Taimen oder Nelma, und sie sind mit herkömmlichen Euro-Angeln nicht zu fangen. Ein anständiger sibirischer Fisch muss mindestens einen Zentner wiegen, und sein Schwanz muss den Boden fegen, wenn der Fischer ihn über die Schulter hängend nach Hause trägt. Die Kartoffel wird hier zwar nur schwach und klein, umso größer werden dafür die Bären.

Je nach Jahreszeit liefert der Wald unterschiedliche Gaben. Im Sommer sind es Pilze, die manchmal das Gewicht eines Dreijährigen erreichen, und gelbe oder rote Moorbeeren, so groß wie Kirschen. Im Winter und Herbst kommen Rentier- und Bärenfleisch auf den Tisch sowie Wildgänse und Hasen, wobei sogar der sibirische Hase ganz schön gefährlich sein kann. Die Jäger erlegen die Tiere, und ihre Frauen machen Pelmenis daraus, kleine Teigtaschen mit unterschiedlichster Füllung. Bären und Beeren, alles kommt da hinein, und es gibt mehr als dreißig Rezepte für diese Teigtaschen. Sie werden zu tausenden zusammengefaltet und über Nacht nach draußen gestellt, wo sie in der Kälte einfrieren. Danach werden sie im Speisekeller oder im Kühlschrank in großen Tüten aufbewahrt. Auf diese Weise hat man das ganze Jahr über etwas zu beißen.

Oft wird Sibirien mit dem äußersten Norden verwechselt. Der falsch informierte Europäer denkt dabei gleich an den Nordpol und an Eisbären, doch die gibt es in unserem zivilisierten Mittel-Sibirien nicht. Die Eisbären findet man viel nördlicher. Dort, nahe am Polarkreis, leben Nomaden, die Ureinwohner des Nordens, die keine Pelmenis kochen, sondern mit ihren Familien den Rentierherden hinterher ziehen.

Die Rentiere bewegen sich immer im Kreis, je nach Wetterlage. Im Frühling geht das Ren gen Norden, dorthin, wo es weniger Mücken gibt. Dann auf die Sommerweide, und im Herbst zieht es in den Süden, wo die Tundra an die Taiga grenzt und es natürlichen Schutz vor Wind, Eis und Schnee findet. Jede Herde wird von einer Nomadensippe begleitet, deren Mitglieder als Rentierzüchter bezeichnet werden, obwohl in dieser komplizierten Beziehung zwischen Mensch und Tier nur bedingt feststellbar ist, wer eigentlich wen züchtet.

Die eingewanderten Russen haben in den letzten Jahrhunderten viele schlechte Angewohnheiten in den Norden gebracht und den natürlichen Gang der Dinge gestört. Sie brachten den Nomaden das Wodkatrinken und Brotessen bei, das inzwischen zu einem festen Bestandteil der Nomadenküche geworden ist. Fünfhundert bis sechshundert Brotlaibe werden pro Sippe für eine Wanderungsperiode eingekauft und müssen dann mitgeschleppt werden. Nach jeder Flußüberquerung wird das Brot, das sich längst in Trockenbrot verwandelt hat, ausgelegt und am Ende des Tages wieder eingepackt. Die Jagd wird hier bloß noch von Minderjährigen ausgeübt. Aus Patronenmangel schießen die jungen Jäger nur dann, wenn sich zwei Wildgänse oder -enten im Flug kreuzen. Trotzdem haben die Nomaden mit ihren Rentieren eine abwechslungsreiche Nahrung zur Verfügung: Blut, Fleisch, Fett, Material für ihre Kleidung und Unterkünfte, außerdem, was in der Tundra besonders wichtig ist, ein Transportmittel, das keine Ersatzteile und kein Benzin braucht.

Eine normale Großfamilie, bestehend aus zwei Erwachsenen und fünf Kindern, würde bei den Nomaden eine Herde von mindestens vierhundert Tieren zum Überleben brauchen. Etwa hundert davon werden zum Arbeiten benutzt, sechzig für den Transport des Familienbesitzes einschließlich Zelt, zwanzig für weite Ausflüge zum Jagen oder Einkaufen und zwanzig männliche Tiere, die ausgebildet werden, um irgendwann die alten Arbeitstiere abzulösen. Für ihren Lebensunterhalt, also Essen und Kleidung, würde die Familie zwischen fünfzig und achtzig Rentiere jährlich verschleißen. Das würde auch für unvorhergesehenen Besuch von Gästen reichen oder wenn die Schwiegermutter kommt. Für das Ausbessern und Erneuern des Zelts, das durch Frost und Wind schnell kaputtgeht, müsste die Familie mit noch einmal achtzig bis hundert Tieren rechnen. Den Rest könnten sie dann für die Feier anlässlich des Rentierzüchtertages verwenden, der alljährlich am ersten April gefeiert wird.

## Sibirische Küche

Alle Zutaten sind für vier Personen berechnet.

### ∽ Vorspeisen ∽

**Hering im Mantel**

Zutaten:
250 g Heringsfilet, 1 Rote Bete, 2 Kartoffeln, 2 Möhren, 2 Eier, 200 g Mayonnaise, 3 Salzgurken, 1 TL Erbsen, 1 Zwiebel

Zubereitung:
Die Kartoffeln, die Eier, die Rote Bete und die Möhren kochen. Alles getrennt reiben. Das Heringsfilet und die Zwiebel klein hacken. Das Heringsfilet, die Kartoffeln, die Zwiebeln, die Möhren und die Rote Bete schichtweise auf einer Platte übereinander legen und mit Mayonnaise übergießen. Die gehackten Eier darüber streuen. Eine Stunde ziehen lassen. Mit den Erbsen und den in Scheiben geschnittenen Salzgurken servieren.

## Schweinefleisch auf Ural-Art

Zutaten:
500 g Schweinefleischfilet, 400 g Weizenmehl, 150 ml Wasser, 1 Dose Sahnemeerrettich

Zubereitung:
Das Fleisch in kaltem Wasser eine Stunde einwässern, herausnehmen, trocknen lassen und salzen. Aus dem Mehl und dem Wasser den Teig kneten. Das Fleisch mit dem Teig bestreichen, die Hände dabei regelmäßig mit kaltem Wasser anfeuchten, damit der Teig nicht an den Händen klebt. Das Fleisch auf das Backblech legen und eine Stunde im Ofen bei 220 Grad backen. Wenn die Kruste eine goldene Farbe angenommen hat, einmal mit warmem Wasser bespritzen und weitere zwanzig Minuten backen. Das Gericht herausnehmen, abkühlen und in Scheiben schneiden. Mit Sahnemeerrettich servieren.

## ꙮ Suppe ꙮ

### Sibirische Suppe mit Pelmenis

Zutaten:
Für die Brühe: 1½ l Wasser, 100 g getrocknete Pilze, 2 Zwiebeln, 2 EL Butter, 4 EL Crème fraîche, Kräuter, Salz, Pfeffer

Für die Pelmenis: 200 g Weizenmehl, 1 Ei, 3 EL Wasser, 200 g gekochtes Fischfilet, 1 Zwiebel, Salz, Pfeffer

Zubereitung:
Die Pilze zwei bis drei Stunden einweichen. Im selben Wasser mit den Zwiebeln bei schwacher Hitze vierzig Minuten köcheln, salzen und pfeffern. Die Pilze und die Zwiebeln aus dem Wasser nehmen, in Streifen schneiden, in Butter anbraten und anschließend wieder in die Brühe legen. Aus Weizenmehl, Ei und Wasser einen festen Teig zubereiten. Mit einem Küchentuch bedecken und dreißig bis vierzig Minuten ruhen lassen. Das Fischfilet und die Zwiebel für die Füllung klein hacken, salzen, pfeffern und gut vermengen. Den Teig zwei Millimeter dünn ausrollen. Mit einem Glas runde Scheiben ausstechen, die Füllung auf die Scheiben legen und die Ränder umklappen. Die Pelmenis vorsichtig in die Brühe geben und kochen, bis sie wieder auf der Oberfläche erscheinen. Mit Crème fraîche servieren.

## ∼ Hauptgerichte ∼

### Taiga-Fleisch

Zutaten:
500 g Hirschfleisch oder Rindfleisch, 120 g Schweinespeck, 60 g Hartkäse (gerieben), 4 EL Butter, Salz

Für die Füllung: 80 g getrocknete Steinpilze, 6 Knoblauchzehen, 1 Selleriewurzel, Salz, Pfeffer

Zubereitung:
Das Fleisch in dünne Scheiben schneiden. Die Scheiben weich klopfen, salzen und peffern, mit geriebenem Käse bestreuen und den Speck klein würfeln. Für die Füllung die Pilze zwei bis drei Stunden einweichen, fertig kochen und in schmale Streifen schneiden. Die Selleriewurzel und die Knoblauchzehen klein hacken, mit den Pilzen vermischen, salzen und gut vermengen. Den Speck und die Füllung in Schichten auf die Fleischscheiben auftragen. Die Fleischscheiben zusammenrollen und in der Pfanne anbraten. Das Gericht auf dem Backblech platzieren und bei 180 Grad dreißig Minuten im Ofen fertig backen.

### Fisch mit Moosbeeren und Honig

Zutaten:
800 g Weißfischfilet, 4 EL Pflanzenöl, 2 EL Weizenmehl, 200 ml Moosbeerensaft, 200 g Honig, 1 Zitrone, Salz

Zubereitung:
Den Moosbeerensaft in einen Topf geben, den Honig zufügen und kochen, bis die Hälfte verdampft ist. Den Fisch mit Mehl panieren, Pflanzenöl in die heiße Pfanne geben, den Fisch zufügen und von beiden Seiten fertig braten. Den Fisch heraus-

nehmen, die Moosbeer-Honig-Sauce darüber gießen und fünf Minuten stehen lassen. Mit Zitronenscheiben servieren.

## ∽ Dessert ∽

### Torte »Birkenstamm«

Zutaten:
Für den Teig: 3 Eier, 3 EL warmes Wasser, 150 g Zucker, 150 g Weizenmehl, 1 TL Backpulver
Für die Füllung: 200 g Erdbeerkonfitüre, 200 g Sahnecreme (aus Puddingpulver mit Sahnegeschmack leicht herzustellen), 1 TL Kakaopulver, 2 TL Wasser

Zubereitung:
Das Eigelb von dem Eiweiß trennen. Das Eiweiß schaumig schlagen. Das Eigelb vorsichtig zugeben und weiterschlagen, den Zucker hinzufügen und weiterschlagen. Das Mehl zugeben und weiterschlagen, bis eine teigige Masse entsteht. Den Teig in eine quadratische, eingefettete Form geben und im Backofen backen. Anschließend abkühlen lassen, von der einen Seite mit der Konfitüre bestreichen, zusammenrollen, auf eine Platte legen und mit Sahnecreme übergießen. Das Kakaopulver in einer kleinen Menge heißes Wasser auflösen und mit der fertigen Kakaomasse auf der Sahnecreme ein Birkenmuster pinseln.

# USBEKISTAN

Usbekistan war unser sozialistisches Tausendundeine Nacht: die süße Wonne des Orients, Wassermelonen und Weintrauben im Winter, Früchte, die kein Mensch zuvor gesehen hatte, Bauchtanz im Fernsehen, Rachat Lukum, Pilav, Samsa und Schaschlik. Das Restaurant »Usbekistan« in Moskau war eine unverzichtbare Pilgerstätte für alle Gourmets der Hauptstadt. Oh, ich glaube, mir wird schlecht.

Diese Zeilen schreibe ich tausende Kilometer weit vom Restaurant »Usbekistan« entfernt in St. Pölten, in einer volkstümlichen österreichischen Kneipe mit Eckgarnituren, angetrunkenen Kartenspielern, Pokalen an den Wänden und einem Mittagsmenü für vier Euro siebzehn: Kartoffelsuppe und Krenfleisch mit Sauerkraut. Für anspruchsvolle Gäste gibt es hier riesengroße Schnitzel, die aussehen wie Igel, die von einem LKW überfahren wurden. Jedes Mal wenn ein Handy klingelt, schauen alle hin, als hätten sie noch nie in ihrem Leben ein Funktelefon gesehen.

Aber zurück zu Usbekistan, einer multinationalen Republik mit fünfundzwanzig Millionen Einwohnern, von denen die meisten junge Usbeken sind; mit großen Flüssen, die permanent austrocknen; riesigen Wüsten; Bergen, die wenig Schatten werfen, und mit einer fünften Jahreszeit, Tschilla genannt: vierzig Tage im Sommer, bei denen die Tagestemperaturen auf stolze fünfzig bis sechzig Grad hochklettern. Das Überlebensgeheimnis bei solcher Hitze heißt »in sich hineinschwitzen«. Die Einheimischen ziehen dazu dicke Daunenmäntel an und trinken heißen grünen Tee. Dadurch werden ihre Mäntel von innen nass und von außen trocken. Auf diese Weise schützen sich die Usbeken gegen Überhitzung.

Die usbekische Kultur und Geschichte sind älter als die ältesten Kulturen und Geschichten der Welt, behaupten die alten Usbeken. Im Süden der Republik finden die Archäologen ständig Menschenknochen, die älter sind als die Menschheit selbst. Daraus lässt sich schließen, dass die ersten Menschen auf unserem Planeten doch nicht die Georgier waren, wie früher behauptet, sondern die Usbeken.

Vielleicht stammen die Überreste aber auch von ganz anderen Leuten, von einer urmenschlichen Touristengruppe, die sich in der Wüste verlaufen hat. Die Wahrheit werden wir wohl nie erfahren. Doch eins steht fest: Die Usbeken waren Frühentwickler. Ihre Herrscher haben sich als herausragende Wissenschaftler, Dichter und Maler einen Namen gemacht, sie übten sich in Astrologie, zählten alle Sterne zusammen, entdeckten Elixiere der Unsterblichkeit und schrieben dicke philosophische Traktate, während der Rest der Welt noch vergeblich versuchte, mit einem Stock Bananen von der Palme zu schlagen. Ihre anstrengende wissenschaftliche Tätigkeit hielt die asiatischen Herrscher jedoch nicht davon ab, laufend Kriege gegeneinander zu führen, die in ihrer Blutrünstigkeit kaum zu übertreffen waren. Die Ursachen für die Kriege waren meistens hausgemacht. Je länger ein Herrscher an der Macht blieb, desto größer wurde seine Familie. Das sorgte für komplizierte Verhältnisse. Irgendwann machten sich die Kinder, Brüder, Schwestern oder andere Familienangehörige selbstständig – dann gab es Krieg. Kaum ein usbekischer Herrscher starb eines natürlichen Todes. Entweder wurde er von seinem Sohn geköpft oder von seiner eigenen Oma verraten. Nur die Ehefrauen hielten bekanntlich immer zu ihrem Mann, denn die Frauen hatten traditionell in Mittelasien nichts zu melden.

Die Sowjetisierung Mittelasiens dauerte länger als

geplant. Noch sieben Jahre nach der großen Oktoberrevolution streiften etliche schwer bewaffnete Kamelbanden durch die Wüste, die sich nicht entscheiden konnten, ob sie für oder gegen den Sozialismus waren, und deswegen von der Roten Armee überzeugt werden mussten. Als sowjetische Republik war Usbekistan bei uns hauptsächlich für Baumwolle und Exotik zuständig. Auf den vielen Propaganda-Bildern, die den sowjetischen Internationalismus symbolisierten, wurde Usbekistan durch ein süßes junges Mädchen in Nationaltracht repräsentiert. Das Mädchen hatte hundert Zöpfe und lächelte frech. Es hieß, die größte Errungenschaft der Sowjetmacht in Mittelasien war die Befreiung der Frau aus den Harems der Reichen. Gleichzeitig hatte die Mehrheit der sowjetischen Männer aber großes Verständnis für Harem-Wünsche. Ihre Träume von Mittelasien als einem einzigen Männerparadies fanden ihr Echo in dem berühmten sowjetischen Schlager »Wäre ich ein Sultan, hätte ich auch drei Frauen, Ihre dreifache Schönheit würde ich immer wieder gern anschaun«.

Trotz der offiziellen Propaganda wollte niemand so recht glauben, dass die Usbeken ihre Frauen tatsächlich befreit und die alten Bräuche aufgegeben hatten. Dennoch brüsteten sich manche Usbekinnen auch weiterhin mit ihren unorthodoxen Familienverhältnissen. Eine Bekannte von mir, Dildora, die aus einer usbekischen Familie in Moskau stammt, behauptete, sie wäre auf Drängen ihrer Eltern beinahe die dreizehnte Frau des usbekischen Ministers für Landwirtschaft geworden. Das verlieh ihr in unseren Kreisen zusätzliche Autorität.

Die Vorstellung, dass es irgendwo in unserem Land einen Ort gab, an dem man eine unkomplizierte, ausbalancierte Beziehung mit mehreren Frauen gleichzeitig führen konnte, obwohl man bei sich zu Hause nicht einmal mit einer einzigen klarkam, diese Vorstellung wurde am besten in dem wohl berühmtesten sowjetischen Action-Film aller Zeiten widergespiegelt: *Die weiße Sonne der Wüste*. Er wurde jedes Jahr mehrmals ausgestrahlt, und die Mehrheit der Bevölkerung kannte ihn auswendig. Dort wurde die Geschichte eines russischen Soldaten erzählt, der am Ende des Bürgerkriegs in der Wüste Mittelasiens hängen geblieben war mit der Aufgabe, auf den Harem eines Aufständischen aufzupassen, der mit seiner Bande gegen die Rote Armee kämpfte. Der Russe wollte nur schnell nach Hause, wo seine eine und einzige Frau auf ihn wartete. Sie erschien ihm dauernd im Traum und schüchterte ihn dermaßen ein, dass er sich sofort auf den Weg machen wollte. Der Soldat musste aber zuerst seine Pflicht erfüllen. Er verteidigte mit einem selbst gebastelten Maschinengewehr die Haremsfrauen vor ihrem Mann und metzelte dabei eine ganze Männerbande nieder. Daraufhin verliebten sich alle Usbekinnen in ihn und sahen in dem Russen ihren neuen Herrn. Sie versuchten sogar, ihn zu verführen, er aber wollte sie nur befreien. »Geht nach Hause, ihr seid frei, blöde Kühe!«, lächelte er seinen Harem an. Danach verließ der Soldat die Wüste Asiens für immer. Viele Zuschauer hätten sich einen anderen Ausgang gewünscht. Sie hatten gehofft, der Soldat würde einige der Usbekinnen mitnehmen oder sie zumindest noch etwas länger beschützen. Aber das ging nicht. Wegen der Gleichberechtigung, der Brüderlichkeit und so weiter.

## **Drogen aus Usbekistan**

Auf unserer Theaterschule gab es Studenten aus beinahe allen Republiken der Sowjetunion, aber keine Usbeken. Für die exotischen Bruderländer waren in unserer Gruppe zwei Jungs aus Kambodscha zuständig, die kein Wort Russisch sprachen, aber trotzdem erfolgreich Dramaturgie studierten. Der eine brachte uns bei, wie man einfache Zigaretten aromatisieren kann, indem man sie vor dem Anzünden mit Erkältungsbalsam einreibt. Der andere machte immer einen Kopfstand in der Pause und ging auf Händen die Treppe hinauf beziehungsweise hinunter. Wir applaudierten. Nach zwei Jahren stellte sich heraus, dass die Kambodschaner sich beim falschen Studiengang angemeldet hatten. Sie hatten die ganze Zeit angenommen, dass sie bei uns zu Zirkusakrobaten ausgebildet würden, und hatten das ganze Gerede als bloßes Vorspiel dazu betrachtet.

Usbeken lernte ich zum ersten Mal in der sowjetischen Armee kennen. Sie hatten es besonders schwer in unserem Schnee, froren ständig und suchten deswegen nach einer wärmeren Arbeitsstelle, am liebsten in der Nähe eines Heizkörpers, auf dem sie sich sofort niederließen. In unserer Einheit dienten Usbeken als Heizer, Saunaaufseher, Wäschewechsel-Dienstleister und Küchengehilfen, also überall dort, wo sich eine Erhitzungsmöglichkeit bot.

Die meisten Soldaten bildeten Gruppen entsprechend ihrer Heimatgegend. So war ich die meiste Zeit mit einem Moskauer zusammen, der wegen seines soliden Aussehens den Spitznamen Professor trug. Zusammen beschlossen wir, Kontakte zwischen verschiedenen Ethnien zu knüpfen und als Erstes unseren usbekischen Wäschedienst näher kennen zu lernen. Es war nicht so leicht, das zu organisieren: Der usbekische Kollege saß die ganze Zeit in seinem Wäschezimmer auf hunderten von grauen Kopfkissen und trank Tee. Jedes Mal, wenn wir Ulugbeck, so hieß er, in ein Gespräch über seine Heimat verwickeln wollten, rief er nur: »Was willst du?« und bewarf uns mit Kopfkissen. Dafür gab es mehrere Gründe. Zum einen hielt Ulugbeck seine Arbeitsstelle als Kopfkissenaufseher für besonders wertvoll. Zum anderen hatte er unter den Kopfkissen allerlei Sachen verborgen und damit einen Schwarzmarkt organisiert. Seine Gerissenheit ging aber mit einer erstaunlichen Naivität einher. So überredete ihn mein Freund der Professor einmal, ihm eine ganz normale Wandsteckdose abzukaufen – mit dem Argument, an die Wand geschraubt würde man mit Hilfe dieser Steckdose immer und überall Tee kochen und Musik hören können. Ulugbeck schraubte die Steckdose an die Wand seines Holzschranks und war sehr enttäuscht, als aus der Steckdose nichts herauskam.

Die Usbeken hatten es aber nicht nur wegen der Kälte besonders schwer, sondern auch, weil sie am weitesten von zu Hause weg waren. Während die anderen Soldaten mehr oder weniger regelmäßig Lebensmittel aus der Heimat bekamen, konnten die usbekischen Produkte eine solche Reise unmöglich überstehen. Doch irgendwie schafften es die Usbeken, eine alternative Verbindung zu ihrer Heimat herzustellen.

Manchmal ging Ulugbeck auf die Straße vor unserer Garnison, wo zu bestimmten Zeiten Militärfahrzeuge vorbeifuhren. Einmal sahen wir, wie ein LKW stehen blieb. Der Fahrer, ebenfalls ein Usbeke, stieg aus, sprach kurz mit Ulugbeck und übergab ihm etwas, das wie eine große Flasche aussah.

»Schnaps!«, freute sich der Professor. »Echter usbekischer Schnaps!«

»Beruhige dich«, sagte ich. »Usbeken trinken keinen Schnaps. Ich habe noch nie von usbekischem Schnaps gehört.«

»Natürlich trinken sie Schnaps! Alle trinken Schnaps, nur eben heimlich!«, insistierte der Professor.

Wir beobachteten, wo Ulugbeck die Flasche versteckte: unter dem Holzboden unseres Leninzimmers, wo zwei Bretter locker waren. In der Nacht gingen wir auf die Jagd nach dem usbekischen Schnaps. Wir fanden ihn sofort: eine große Milchflasche, voll gefüllt mit einer grünen Substanz, die aussah wie Gras.

»Eine usbekische Droge!«, flüsterte der Professor, seine Augen glänzten. »Marihuana!«

Wir schütteten ein wenig von dem Zeug aus der Flasche in unsere Hosentaschen. Die ganze Nacht versuchten wir, in den Genuss der usbekischen Droge zu kommen, doch irgendetwas machten wir falsch. Das usbekische Gras wollte als Selbstgedrehte einfach nicht brennen. Die Zigarette ging entweder aus oder explodierte mit einem lauten Knacksen in der Hand, und die glühenden Krümel hinterließen Löcher auf unserer Uniform. Mein Kollege bekam trotzdem starke Halluzinationen davon und erzählte mir später von unglaublichen Bildern in seinem Kopf: Er war eine Schlange, die sich durch die Wüste schlängelte, zusammen mit seiner Mutter, die auch eine Schlange war. Beide versuchten sie, eine Maus zu fangen, was ihnen aber nicht gelang, und so hatten sie nichts zu essen. Plötzlich wuchs seiner Mutter eine scharfe Zunge aus der Schnauze, und schwupps! hatte sie ihn verschluckt.

Der Professor wirkte sehr mitgenommen von seinem Trip. Trotzdem aß er auch noch den letzten Rest der grünen Substanz und war schließlich mit seiner usbekischen Drogenerfahrung mehr als zufrieden. Mich plagten jedoch Zweifel. Am nächsten Tag gestand ich Ulugbeck unseren Diebstahl und fragte ihn, was in der Flasche wirklich war. Der Kopfkissenleiter krümmte sich vor Lachen.

»Grüner Tee!«, rief er. »Es war grüner Tee!«

Abschließend lud er uns ein, seinen Tee richtig zu testen. Es wurde eine große Zeremonie daraus. Grüner Tee sei das wichtigste Getränk in Mittelasien, meinte er, ohne ihn könnte er die Zeit in der Armee gar nicht überstehen. Eigentlich sei grüner Tee gut gegen die Hitze, besser als jedes Mineralwasser, aber gegen die Kälte helfe er auch.

Und so wurden wir Freunde. Oft saßen wir danach auf einem Berg grauer Kopfkissen, auf die die Nummer unserer Einheit gestempelt war, draußen lag meterdick der Schnee, und wir tranken drinnen echten grünen Tee aus Usbekistan.

»Schade, dass es doch keine Droge ist«, murmelte der Professor und schaute tiefsinnig in seine Tasse.

»Die besorg ich dir«, antwortete Ulugbeck, »ich weiß, wie man aus Hühnerkot Drogen macht.«

»Und ich bringe dir dafür eine richtige Steckdose«, versprach der Professor, »mit der du Musik hören und Tee kochen kannst. Die kannst du dann auch nach Usbekistan mitnehmen, wenn das hier vorbei ist. Die hält ewig. Sie wird dich immer an mich erinnern.«

# Usbekische Küche

Alle Zutaten sind für vier Personen berechnet.

## ∽ Vorspeisen ∽

### Salat Bachor

Zutaten:
500 g Lammfilet, 3 Tomaten, 1 Gurke, 1 Zwiebel,
3 Knoblauchzehen, 3 Eier, 1 Bund Dill, 1 Bund Koriander,
5 TL Tafelessig, 1 EL Mayonnaise, 1 EL Pflanzenöl, Pfeffer,
Salz

Zubereitung:
Das Fleisch kochen. Die Gurken, die Tomaten, die Zwiebeln und das Fleisch in schmale Streifen schneiden. Knoblauch und Kräuter klein hacken. Alles vermischen, salzen und pfeffern. Mayonnaise, Essig und Öl zugeben. Den Salat mit geviertelten Eiern, Fleischstreifen und Kräutern servieren.

### Lazat

Zutaten:

4 Paprikaschoten, 100 g Feta (Schafskäse), 4 TL Schmand,
2 EL Butter, 1 Knoblauchzehe, 1 Bund Dill, 1 Bund Petersilie,
Salz

Zubereitung:

Die Paprikaschoten waschen, den Stängelansatz kreisförmig ausschneiden, Kerne entfernen. Für die Füllung den Feta in kaltem Wasser einweichen. Schmand und Butter zugeben und gründlich verrühren. Klein gehackte Kräuter und Knoblauch zufügen. Salzen und noch einmal durchrühren. Die Paprikaschoten in kochendem Wasser blanchieren und füllen. Zum Servieren die gefüllten Paprikaschoten in Scheiben schneiden.

## ೞ Suppe ೞ

### Kijma-Schurpa

Zutaten:

400 g Suppenfleisch, 3 Zwiebeln, 2 Möhren, 4 Tomaten,
2 EL Pflanzenöl, 3 EL Erbsen, 4 Kartoffeln, 1,2 l Wasser,
1 Bund Dill, 1 Lorbeerblatt, schwarzer Pfeffer (gemahlen),
1 Nelke, Salz

Für die Frikadellen (Kijma): 300 g Lammfleisch, 100 g Reis, 4 Mirabellen, Pfeffer, Salz

Zubereitung:
Die Zwiebeln in Halbringe, Tomaten und Kartoffeln in Scheiben schneiden. Die Zwiebeln andünsten, bis sie eine goldene Farbe annehmen. Die Möhren und die Tomaten in Butter andünsten. Das Kijma (das gehackte Fleisch) mit gekochtem Reis mischen, salzen und pfeffern. Die Mirabellen entkernen. Aus der Fleisch-Reis-Masse kleine Bällchen formen und jeweils mit einer Mirabelle füllen. Das Suppenfleisch kochen. Kijma, Kartoffeln, angedünstetes Gemüse in die Brühe geben und fünfzehn Minuten kochen. Die Erbsen zufügen, noch einmal salzen und würzen. Nach fünf Minuten kann man die Suppe mit klein gehackten Kräutern servieren.

## ᚛ Hauptgerichte ᚜

### Fischbuletten auf Mujnak Art

Zutaten:
400 g weißes Fischfilet, ¼ Zwiebel, 2 TL Crème fraîche, 1 Ei, 2 EL Weizenmehl, 2 EL Pflanzenöl, Pfeffer, Salz

Zubereitung:

Das Fischfilet in Stücke schneiden und zusammen mit der Zwiebel durch den Wolf drehen. Die Crème fraîche, das Ei, Salz und Pfeffer zufügen, umrühren und schlagen, bis eine einheitliche Masse entsteht. Daraus Buletten formen, mit Mehl panieren und von beiden Seiten acht bis zehn Minuten in Butter braten. Danach in einer kleinen Wassermenge kurz dünsten.

**Pilav mit Quitten**

Zutaten:

300 g Lammfleisch, 400 g Reis, 3-4 Quitten, 2 Zwiebeln, 2 Möhren, 2 EL Pflanzenöl, 400 ml Wasser, 2 Mirabellen, Anis, Pfeffer, Salz

Zubereitung:

Den Reis in kaltem Wasser zwei Stunden einweichen. Das Fleisch in zwei Zentimeter große Stücke schneiden. Die Zwiebeln in Halbringe und die Möhren in schmale Streifen schneiden. Die Quitten entkernen und achteln. Das Fleisch in Öl anbraten, die Zwiebeln und Möhren hinzufügen und zehn Minuten braten. Salzen und würzen, die Quitten und die entkernten Mirabellen zugeben und den Topf mit Wasser auffüllen, bis die Zutaten gerade bedeckt sind. Den Reis in einer gleichmäßigen Schicht darauf verteilen und wieder mit Wasser auffüllen, bis das Wasser 1½ Zentimeter höher steht. Ohne Deckel kochen, bis das Wasser verdunstet ist. Den

Deckel aufsetzen und bei schwacher Hitze zehn Minuten weiterkochen. Das fertige Gericht vorsichtig umrühren.

## ∽ Desserts ∾

### Halwa

Zutaten:
200 g Weizenmehl, 100 g Butter, 200 g Zucker,
400 ml Wasser, 200 g Walnüsse, Safran

Zubereitung:
Das Mehl in Butter unter ständigem Rühren anschwitzen, bis es eine hellbraune Farbe annimmt. Das Wasser mit dem Zucker kochen lassen. Alles mischen und weiter unter ständigem Rühren kochen, bis die Masse dick wird. Zerkleinerte Nüsse und Safran zugeben. Beim Servieren mit einem spitzen Messer ein orientalisches Ornament einritzen.

### Baklava auf Horesm Art

Zutaten:
600 g Weizenmehl, 200 ml Wasser, 250 g Margarine,
150 g Walnüsse oder Mandeln, 100 g Zucker, 3 Eier,
2 EL Honig, 1 TL Pflanzenöl, Salz

### Zubereitung:

Das Mehl und das Wasser salzen und zu einem Teig verrühren, diesen dreißig bis vierzig Minuten stehen lassen. Aus dem Teig eine Rolle formen, die Rolle teilen und kleine Bällchen formen. Fünf Minuten stehen lassen, danach die Bällchen zu Plätzchen (ca. anderthalb Zentimeter) ausrollen. Zerkleinerte Nüsse anbraten und Zucker zugeben. Das Backblech einfetten, die Plätzchen darauf legen, die Nüsse darüber streuen. Mit weiteren Plätzchen bedecken und wieder Nüsse darüber streuen. Auf solche Weise acht bis zehn Schichten übereinander legen. Fünfundzwanzig Minuten stehen lassen. Danach die Plätzchen mit geschlagenen Eiern bestreichen und bei 220 Grad zwanzig Minuten backen. Dann die erhitzte Margarine darüber gießen und noch einmal fünfzehn Minuten backen. Das fertige Baklava mit Honig beträufeln.

# LETTLAND

Lettland wird noch immer vom Westen unterschätzt und als kleines niedliches Land am baltischen Meer abgetan. In Wirklichkeit ist Lettland, das hunderteinundzwanzig-größte Land der Welt, ein mächtiger, von der ganzen Welt unabhängiger Staat mit Meerblick. Das Land hat eine natürliche Grenze zu Estland und Litauen sowie eine unnatürliche zu Russland. Die Urbevölkerung Lettlands gehört zum Stamm der Latgallen, einem alten, mutigen Piratenvolk. Sie waren ursprünglich Seenomaden, die sich irgendwann an der baltischen Küste ansiedelten.

Viele ausländische Touristen neigen dazu, den Namen des Landes falsch auszusprechen oder das Land gar mit dem litauischen Nachbarn zu verwechseln. Die Deutschen nennen das Land »Lettland«, die Spanier »Letonia«, die Franzosen »Lettonie«. Auf Lettisch aber heißt Lettland »Latvijas Republika«, und die Bewohner legen großen Wert darauf, dass es richtig ausgesprochen wird. Sie mussten in der Vergangenheit viel Hohn und Erniedrigung ertragen und auf ihre Unabhängigkeit sehr lange warten.

Im totalitären Sozialismus wurde Lettland zur größten Milchverarbeitungsanlage der Sowjetunion auserkoren. Das Land musste den großen russischen Bruder sowie alle anderen Sowjetrepubliken mit Schmand versorgen. Dafür nehmen die Letten heute reichlich Rache am russischen Bruder. Sauer auf die Russen zu sein ist zu einem Dauerzustand, zum Sinn und Zweck der lettischen Politik geworden. Seit dem Tag, als die Republik ihre Unabhängigkeit wiedererrang, fordern die Letten von ihren russischen Nachbarn eine Entschuldigung für die Okkupation sowie eine Unkostenpauschale. Die Höhe der geforderten Summe schwankt zwischen zwanzig Millionen und vierzig Milliarden, je nachdem, wie sauer sie gerade auf die Russen sind.

Der russische Okkupant wurde zum alleinigen Sündenbock der lettischen Republik erklärt. Alle Probleme, die Lettland jemals hatte beziehungsweise heute hat, sind durch die Russen und ihren Sozialismus zustande gekommen, so die offizielle Meinung der lettischen Regierung. Ohne die sowjetische Okkupation wäre Lettland längst ein Kurort de Luxe.

Die Russen denken allerdings nicht daran, Lettland für die Kosten des Sozialismus zu entschädigen. Die offizielle russische Version des Geschehens lautet nach wie vor, die baltischen Länder hätten sich 1940 freiwillig für den Sozialismus entschieden und wären der Sowjetunion aus eigenem Antrieb beigetreten in einer Art Kollektivwahn oder aus dem Wunsch nach Veränderung heraus. Fast wie im Schlaf ließen sich die Letten vom Sozialismus verführen und staunten dann nicht schlecht, als sie aufwachten. Doch für einen Rückzieher war es da schon zu spät. Unter den Kommunisten ging natürlich alles den Bach herunter. Die Landschaften Lettlands, seine Seen und Flüsse wären ein ökologischer Blockbuster, wenn die Russen sie nicht alle versaut hätten. Die Wälder wären dichter und der Himmel blauer. Der höchste Berg des Landes ist heute nur noch dreihundertzwölf Meter hoch, wahrscheinlich weil ihn die Kommunisten niedergetrampelt haben. Nur das Wetter hat die fünfzig Jahre sowjetischer Okkupation gut überstanden. Es ist stabil geblieben: im Sommer warm, im Winter kalt, daran konnte auch der Sozialismus nichts ändern. Das größte Problem des heutigen Lettlands ist die Bevölkerung – auch sie ein Erbe der sowjetischen Vergangenheit. Die Bevölkerung Lettlands besteht nur zu einundfünfzig Prozent aus Letten, die restlichen neunundvierzig Prozent Letten sind nicht vorhanden. Sie wurden von den Kommunisten durch andere ethnische Gruppen ersetzt, vor allem durch Russen, Weißrussen und Ukrainer, die nach wie vor dableiben wollen. Deshalb bleibt es die größte Aufgabe jeder lettischen Regierung, die »Naturalisierung« der nicht-lettischen Bevölkerungsanteile zu bewerkstelligen: Sie müssen zu echten Letten gemacht werden. Der russischsprachige Teil lernt seit fünfzehn Jahren Lettisch, kommt dabei aber nicht wirklich voran. Viele laufen mit Wörterbüchern durch die Gegend und terrorisieren ihre lettischen Nachbarn mit ihrem gebrochenen Lettisch.

»Sag es schon auf Russisch, wir verstehen dich«, seufzen die Letten, wenn sie ihre Geduld verlieren.

»Nicht möglich«, wehren die Russen ab, »wir haben fünfzig Jahre lang euer Russisch ausgehalten, jetzt müsst ihr unser Crash-Lettisch erdulden.«

Außenpolitisch pflegt Lettland das Image einer auf ewig beleidigten, von allen im Stich gelassenen Tante. Passend zu diesem Image haben sich die Letten für eine Präsidentin aus Kanada entschieden, eine ausgebildete Psychologin, die früher in Toronto in der Psychiatrie gearbeitet hat. Sie wurde 1937 in Lettland geboren, aber nach dem Tod des Vaters war ihre Familie 1944 nach Deutschland ausgewandert. Schon damals konnte sie dem Kommunismus weniger als dem Faschismus abgewinnen. Nach der deutschen Niederlage ging die Familie nach Kanada. Die Präsidentin erzählt der Presse gern, dass sie nun verstärkt Russisch lernt, um auch von der russischstämmigen Hälfte Lettlands verstanden zu werden. Sie habe schon über hundert russische Wörter gelernt. Am meisten interessiere sie sich jedoch für die russischen Sprichwörter, Bräuche und Sitten, erzählte sie in einem Interview. Diese neu erworbenen Kenntnisse setzt sie nun regelmäßig ein, wenn es darum geht, dem russischen Nachbarn Ärger zu machen.

Besonderes aktiv wird die lettische Präsidentin jedes Mal im Mai, wenn die Russen mit Pomp und Paraden ihren Tag des Sieges feiern. In Lettland wird dieser Tag nicht gefeiert, sondern nur der Gedenktag für die Opfer des Zweiten Weltkrieges. Das Land ist weltweit Nummer eins in puncto Gedenktage pro Jahr, an Anlässen herrscht kein Mangel: der Gedenktag der Opfer des kommunistischen Terrors, der Gedenktag der Okkupation der lettischen Republik, der Gedenktag der gefallenen Helden Lettlands, der Gedenktag der Kämpfer für die Unabhängigkeit Lettlands und so weiter. Letztes Jahr war der Auftritt der lettischen Präsidentin zum Tag des sowjetischen Sieges besonderes skandalös. Mitten in die feierlichen Vorbereitungen hinein, als die Oberhäupter der ganzen Welt sich zu der großen Parade in Moskau versammelten, sagte die Lettin: »Schon wieder trinken die Russen ihren Wodka, knabbern am Trockenfisch und denken, sie hätten uns damals befreit.« Diese Bemerkung sorgte in Russland für großes Entsetzen. Tausende von Briefsendungen gingen bei den großen Zeitungsredaktionen ein. »Niemals würde man bei uns Trockenfisch zum Wodka essen«, schrieben die empörten Bürger. »Jedes Kind weiß doch, das Trockenfisch nur zu Bier passt, zum Wodka isst man Salzgurken.« Mehrere politische Verbände nahmen an der Aktion »Trockenfisch für Lettland« teil. Am Rigaer Bahnhof in Moskau wurden Wodkaflaschen und Trockenfisch neben den Gleisen ausgelegt für den Fall, dass die lettische Präsidentin jemals nach Russland kommen sollte. Besonders erfreut waren die Obdachlosen über diese Aktion: Sie feierten gleich mehrere Tage am Rigaer Bahnhof mit den dort abgelegten Vorräten den Tag des Sieges.

## Der Puddingtransport

Nur wenige Auserwählte konnten sich in den Achtzigerjahren in der Sowjetunion eine Auslandsreise leisten. Als Ersatz dafür diente in den fortschrittlichen Moskauer und Leningrader Kreisen ein Ausflug in die baltischen Republiken, das »Beinahe-Ausland« des sozialistischen Blocks. Die dicken alten Stadtmauern, die Kirchen mit hohen spitzen Türmen, die mit Kopfstein gepflasterten Straßen und die fein angezogenen Balten, die Russisch mit einem deutlich westlichen Akzent sprachen – all das vermittelte den gewünschten Eindruck, weit weg von zu Hause zu sein. Nicht umsonst wurden alle sowjetischen Filme, die im Ausland spielten, in den engen Gassen von Riga, Vilnius oder Tallinn gedreht. Eine Reise in die baltischen Republiken war für uns außerdem relativ preiswert und leicht zu organisieren. Mit meinen Freunden fuhr ich fast jedes Jahr nach Riga, immer mit mikroskopischen Geldsummen in der Tasche, aber in der festen Überzeugung, unsere lettischen Freunde und Bekannten würden uns nicht im Stich lassen. Und so geschah es dann auch jedes Mal.

Für die geldlose Jugend der beiden russischen Hauptstädte gab es damals zwei Möglichkeiten, Lettland per Anhalter zu erreichen. Der erste Weg führte über Pskow. Das war der direkteste und kürzeste Weg, er hatte nur einen Haken: die so genannte Biegung bei Groß-Korostilewo, einer der toten Flecken auf der sowjetischen Landkarte. Wie durch einen Zauber hielten alle LKWs, die aus Moskau oder Leningrad kamen, an dieser Biegung an, setzten die Tramper ab und wechselten die Fahrtrichtung. Ein Ausstieg bei Groß-Korostilewo konnte einem locker zwei Tage Lebenszeit rauben. Es gab dort weder einen Fluss noch Wald, und eine Mitfahrgelegenheit zu ergattern glich einem Wunder. Dort hängen zu bleiben kam für jeden Tramper einer moralischen und physischen Katastrophe gleich. Dabei war diese Biegung keine unbewohnte Insel. Es standen dort kleine Häuser, in denen alte Menschen lebten. An einem sonnigen Tag trauten sie sich sogar aus ihren Gärten nach draußen auf die Straße. Sie waren tierlieb – viele von ihnen hatten Hühner auf dem Hof und manche sogar Ziegen. Doch wenn man diese Leute nach einem Schluck Wasser oder nach der Uhrzeit fragte, stellten sie sich sofort taub und stumm.

Deswegen galt die Biegung bei Groß-Korostilewo unter Trampern als verfluchter Ort.

Der andere Weg nach Lettland war etwas umständlicher. Genau genommen war es ein Umweg über Narva, quer durch ganz Estland und dann über die estländisch-lettische Grenze noch einmal zweihundert Kilometer bis nach Riga. Dafür hatte man aber die ganze Zeit freundliche, hilfsbereite baltische Autofahrer in sauberen Wagen, die einem Unbekannten gern ihr Land erklärten, ihn zum Essen einluden und stets einen gutbürgerlichen, stark antisowjetischen Eindruck hinterließen. Deswegen nahmen die meisten Tramper diesen europäischen Weg, um sich vom »Sowjet« zu erholen.

Die Grenze zwischen Russland und den baltischen Ländern war eine provisorische. Es gab weder einen Grenzposten noch einen Grenzübergang, und trotzdem konnte ein aufmerksamer Reisender den Westen buchstäblich riechen. Aus heutiger Sicht kann ich dieses Gefühl, im Westen zu sein, das uns damals Jahr für Jahr ans baltische Meer lockte, kaum nachvollziehen. War es die Natur? Die Gastfreundlichkeit? Waren es die Cafés? Ich glaube, es waren die Cafés, billige Volkskantinen, die es eigentlich überall in der Sowjetunion gab. Abgekürzt hießen sie »Obschepit« – »Punkte der gesellschaftlichen Ernährung«. In Moskau oder Leningrad waren diese Läden alles andere als empfehlenswert. Außer zu Brei verkochten Pelmenis, vergilbten Würsten und unhöflichen Angestellten in schmutzigen weißen Uniformen mit Waschlappen in der Hand war dort nichts zu holen. In der Regel wurden die »Punkte der gesellschaftlichen Ernährung« von Alkoholikern als Einschenkzentralen missbraucht.

Ganz anders sahen sie in Riga aus. Kaum in der Stadt angekommen, gingen wir sofort zu einer solchen Selbstbedienungskantine, um das unbekannte lettische Essen zu probieren. Für ein paar Kopeken konnte man dort ein fantasievolles Drei-Gänge-Menü erwerben. Aus einfachsten Zutaten konnten die Letten sehr überzeugende Kompositionen entwerfen. Jeder von uns hatte dort seine Lieblingsspeise. Während ich mich hauptsächlich auf die kalten Suppen aus Schwarzbrot und Preiselbeeren konzentrierte, verliebte sich mein Freund und ständiger Reisebegleiter Andrej in Wackelpudding, den es dort in drei Farben gab: grün, rot und blau. Anfänglich haben wir über den Pudding gelacht. Wir konnten dieser schwabbeligen Masse nichts abgewinnen. Sie sah nicht nach einem Lebensmittel aus, eher nach einem Außerirdischen, der unglücklich gelandet war. Man muss dazu sagen, dass es unsere erste Begegnung mit Pudding war, in Moskau wurden solche skurrilen Süßspeisen nicht produziert. Ich hatte zwar viel über Pudding in der Weltliteratur gelesen, aber ich stellte mir dieses Gericht danach ganz anders vor. Bei Pudding dachte ich an eine Art Torte mit Sahnecreme und Rosinen obendrauf.

Der Wackelpudding beeindruckte meinen Freund schließlich so stark, dass er beschloss, ihn auf jeden Fall mit nach Russland zu nehmen, um seine Moskauer Freunde damit zu verwöhnen. Seine Bedenken, das zarte Ding könnte die beschwerliche Tramp-Tour nicht überleben, waren durchaus realistisch. Wir nahmen nicht zuletzt aus diesem Grund für die Rückreise den Zug. Doch auch im Zug ließ sich der Wackelpudding nicht gut transportieren, nicht im Glas und nicht in der Tüte. Er war so stark an seine lettische Herkunft gebunden, dass er sich noch vor Erreichen der Grenze auflöste. Es glich einem Wunder: Der Wackelpudding verkleinerte sich vor unseren Augen, weinte und verschwand. Dabei hinterließ er klebrige grüne Flecken an unseren Hosen und Händen. Meine These, der Pudding sei möglicherweise mit unserer Heimat nicht kompatibel, brachte meinen Freund nur noch mehr in Rage. Er versuchte, den Pudding in einer selbst gebastelten Kühltruhe mit Eis zu transportieren, ihn zu konservieren, vakuumzuverpacken und schließlich selbst in großen Mengen vor Ort in seiner Moskauer Wohnung herzustellen. Zuerst kochte Andrej Rinderknochen, um eine starke Gelatine daraus zu gewinnen, dann experimentierte er mit den herkömmlichen Farbstoffen und nahm den feinsten Puderzucker. Aber alles war umsonst. Der Wackelpudding, dieses launische Kind des Westens, wollte in unserem entwickelten Sozialismus einfach nicht gedeihen. Es kam bestenfalls Tapetenkleister dabei heraus.

Andrejs ständige Puddingtransporte und Herstellungsexperimente hatten aber auch einen positiven Aspekt: Er wurde zu einem erfahrenen Süßigkeitenhersteller, entwickelte ganz nebenbei einen Dauerlutscher, gründete eine Süßwaren-Kooperative und organisierte einen Straßenverkauf für Naschereien. Als der Sozialismus kippte, stieg er reibungslos von Lutschern aus eigener Herstellung auf Computer aus China um und wurde zu einem erfolgreichen Geschäftsmann. Später handelte er mit Metall, verkaufte Autos, gründete eine Fluggesellschaft und stieg in Immobiliengeschäfte ein. Über den lettischen Wackelpudding kann er noch heute lachen.

# Lettische Küche

Alle Zutaten sind für vier Personen berechnet.

## ∽ Vorspeisen ∽

### Salat »Rassols«

<u>Zutaten:</u>
3-4 Kartoffeln, 2 Salzgurken, 2 Äpfel, 2 Eier,
200 g Schweinefleisch, 100 g Matjesfilet, Salz
<u>Für die Sauce:</u> 100 g saure Sahne, 1 TL Essig,
1 TL Meerrettich, 1 TL Senf, 1 Bund Petersilie

<u>Zubereitung:</u>
Kartoffeln und Eier kochen und schälen. Schweinefleisch kochen. Kartoffeln, Eier, Salzgurken, Äpfel, Schweinefleisch und Matjesfilet in kleine Stücke schneiden und mit der Sauce mischen. Mit Petersilie dekorieren.

### Gefüllte Eier mit Sprotten

<u>Zutaten:</u>
6 Eier, 100 g Sprotten, 3 EL Butter, Senf

Zubereitung:
Gekochte Eier schälen und der Länge nach aufschneiden. Das Eigelb entfernen, mit Sprotten, Butter und Senf gut vermischen und die Eihälften mit der gewonnenen Masse füllen.

## ∽ Suppe ∾

### Brotsuppe

Zutaten:
150 g Schwarzbrot, 500 ml Wasser, 50 g Zucker,
25 g Trockenobst, 15 g Preiselbeeren, 50 ml Sahne,
Zimt nach Geschmack

Zubereitung:
Schwarzbrotscheiben im Backofen trocknen lassen, dann mit kochendem Wasser übergießen und dreißig Minuten ziehen lassen. Zucker, Trockenobst, Zimt und Preiselbeeren dazugeben, gut vermischen und kochen, bis das Trockenobst weich wird. Die Suppe abkühlen lassen und mit Schlagsahne servieren.

## ꕥ Hauptgerichte ꕥ

### Hasenkäse

<u>Zutaten:</u>

1 Hase oder 1 Kaninchen, 100 g Schweinespeck, 9 Eier, 100 g Gouda, 100 g Butter, 10-15 getrocknete Steinpilze, 1 EL Kümmel, 3 TL Majoran, 2 EL Dill, Salz, Pfeffer nach Geschmack
<u>Für den Teig:</u> 200 g Weizenmehl, 2 Eier, 100 ml Sahne, 1 EL Butter

<u>Zubereitung:</u>

Den Hasen oder das Kaninchen spicken und eine Stunde im Ofen backen. Das Fleisch in Stücke zerteilen, in einen Topf geben, mit zwei Gläsern Wasser übergießen und schmoren lassen, bis das Wasser verdampft ist und das Fleisch weich wird. Die Fleischstücke aus dem Topf nehmen, von den Knochen trennen und dreimal durch den Wolf drehen. Die Knochen zerstoßen. Aus fünf Eiern ein Omelett zubereiten und zusammen mit dem Käse durch den Wolf drehen. Dazu zerkleinerte Trockenpilze, Gewürze und Butter geben und gut vermischen, bis eine elastische Masse entsteht. Fleisch und Omelettmasse vermischen, die restlichen vier Eier dazugeben und noch einmal gut mischen. Den Teig zubereiten und drei Millimeter dick ausrollen. Damit die Fleischfüllung einwickeln und im Ofen bei schwacher Hitze zwanzig bis dreißig Minuten backen.

### Geschmortes Herz

Zutaten:
1 Rinderherz, 120 g geräucherter Speck, 3½ EL Fett, 2 Zwiebeln, 1 Petersilienwurzel, 2 Möhren, 3 EL Tomatenmark, 150 g Sauerrahm, Gewürz und Salz nach Geschmack

Zubereitung:
Das Herz in große Stücke schneiden, mit geräuchertem Speck spicken und anbraten. Die Herzstücke in den Topf geben, mit dem Saft, der während des Bratens entstanden ist, übergießen. Zwiebeln, Petersilienwurzel und Möhren in Würfel schneiden, dazu Gewürze und Tomatenmark in den Topf mit den Herzstücken geben, etwas Wasser hinzufügen und schmoren lassen. Nach zwanzig Minuten mit Sauerrahm servieren.

## ᛜ Desserts ᛜ

### Karottenpudding

Zutaten:
300 g Karotten, 200 ml Wasser, 200 g Zucker, 2 EL Stärke, Zitronensaft nach Geschmack

## Zubereitung:

Die Karotten schälen, grob reiben, mit kochendem Wasser übergießen und kochen lassen, bis die Karotten weich werden. Den Zucker, den Zitronensaft und die in kaltem Wasser aufgelöste Stärke dazugeben und das Ganze nochmals zum Kochen bringen. Das fertige Gericht in Schalen gießen, abkühlen lassen und kalt servieren.

### Blätterdessert aus Schwarzbrot

## Zutaten:
100 g Schwarzbrot, 50 g Preiselbeerkonfitüre, 20 g Zucker, 10 g Zimt, 100 ml Sahne, Vanille nach Geschmack

## Zubereitung:
Trockenes Schwarzbrot fein reiben, mit Zimt und Zucker mischen. Die Sahne mit Zucker und Vanille steif schlagen. In kleine Glasschalen schichtweise Brot, Konfitüre und Sahne füllen. Beim Servieren mit Preiselbeeren dekorieren.

# TATARSTAN

Eine der ältesten russischen Spezialitäten heißt Rasstegaj, ein eckiger Ausklappkuchen, der an allen Enden verschiedene Füllungen hat. Die ganze Sowjetunion war wie ein solcher Ausklappkuchen: Zwischen Moskau und dem Ural lebten unzählige Kulturen und Völker eng neben- und durcheinander, sorgfältig im dicken Teig der sozialistischen Autonomie zusammengeklappt: Baschkiren, Tschuwaschen, Mordwinen, Udmurten, außerdem die autonome Republik Marij El.

In der Mitte der mittelrussischen Ebene befindet sich die autonome Republik Tatarstan. Über die Tataren und deren Küche weiß die Welt noch heute nicht viel. Eines der am meisten verbreiteten Klischees über sie ist, dass die Tataren ein Nomadenvolk sind, das gerne reitet und am liebsten Pferde isst. Der Begriff »Tatar« steht in der internationalen Küche für rohes Fleisch. Eine Legende besagt, dass die Nomaden keine Zeit auf das Braten verschwenden wollten. Jedes Mal, wenn sie Hunger bekamen, legten sie ein Stück rohes Fleisch unter den Sattel und ritten los. Nach einer halben Stunde war das Steak Tatar fertig. Alle Tataren, die ich darauf ansprach, haben diese Legende heftig dementiert.

Die meisten von ihnen sind Vegetarier, Dichter und Denker von Beruf und können gar nicht reiten. Auch sind sie nie Nomaden gewesen und halten Pferde zu essen für pervers. Vielleicht wurden sie einmal als kleine Kinder zu einer Tante aufs Land geschickt und haben dort eine Pferdewurst gesehen, aber das war eine russische.

In Wirklichkeit wurde Tatarstan zuerst von Bulgaren bewohnt. In früheren Zeiten haben sich viele Völker große Mühe gegeben, ein für sie passendes Land zu finden, und zogen auf der Suche nach einer Heimat durch die Welt. Auf diese Weise landeten die Bulgaren in Tatarstan und gründeten dort den Staat Wolga-Bulgarien. Einige Historiker behaupten, die alten Bulgaren wären in Wahrheit Türken gewesen, die sich damals bloß als Bulgaren ausgaben. Das ist aber heute schwer nachzuprüfen. Laut der offiziellen Version hatte der bulgarische Khan Kurbat, nach dem ein großer Eisbrecher, eine Waschmaschine und ein Hotel in der Leipziger Straße in Berlin benannt wurden, fünf Söhne. Als die Söhne erwachsen wurden, sagte der Khan zu ihnen: »Meine lieben Jungs, ihr seid jetzt richtige Männer geworden, also haut endlich ab und nehmt alle eure Freunde gleich mit.«

Die Söhne zogen los, in fünf verschiedene Richtungen. Einer der Söhne ging an die Wolga, verjagte die dort lebenden Ugro-Finnen und gründete sein wolgabulgarisches Khanat. Die Ugro-Finnen zerstritten sich und zogen auf getrennten Wegen weg. Die Ugren gingen nach Ungarn und die Finnen nach Finnland. Mit der Zeit wurden aus den Bulgaren Tataren. Im dreizehnten Jahrhundert bekamen sie Besuch aus der Mongolei. Beim ersten Mal konnten die Bulgaro-Tataren den Besuch erfolgreich abwehren, beim zweiten Mal gaben sie sich geschlagen. Und so wurden aus den Tataren Mongolen, die unter der Führung von Dschingis Khan noch weiter bis nach Schlesien zogen. Dieser beeindruckende Streifzug spiegelt sich sogar in der spätdeutschen Pop-Folklore wieder, im schöpferischen Werk der deutschen Band Dschingis Khan.

Ungefähr drei Jahrhunderte lang dauerte der Besuch der Mongolen, danach gingen sie in die Mongolei zurück. Zurück blieben die kleinen Khanate, die von den zahlreichen unehelichen Söhnen und Töchtern des Dschingis Khan regiert wurden. Die Tataren hatten drei Khanate: auf der Krim, in Sibirien und an der Wolga. Letzteres wurde von der wunderschönen Prinzessin Suumbike regiert. 1552 beschloss der russische Zar Iwan der Schreckliche, sie zur Frau zu nehmen, um auf diese Weise sein Reich ohne Blutvergießen zu vergrößern. Iwan war nicht mehr der Jüngste und auch kein Frauenheld, aber die Prinzessin konnte ihn nicht einfach so abwimmeln. Damals hatten die Landesherrscher ihr Recht auf Privatleben noch nicht abgesichert, deswegen mussten sie oft aus politischem Interesse ihnen völlig unbekannte Leute heiraten oder umbringen, nicht aus Spaß, sondern zum Wohl ihres Landes.

»Du willst mich also heiraten?«, sagte die Prinzessin zu Iwan dem Schrecklichen. »Dann überzeuge mich von deiner Macht! Wenn du mir in sieben Tagen einen sieben Stockwerke hohen Turm baust, werde ich deinem Willen folgen.«

Iwan der Schreckliche war nicht nur ein gefürchteter Krieger, er war auch ein leidenschaftlicher Turmbauer. Nichts liebte er mehr, als irgendwelche Türme in der Steppe zu bauen. Damals war die Bauarbeitermoral noch nicht so verdorben und lasch wie heute, und als Iwan der Schreckliche seine Leute zusammenpfiff und in die Hände spuckte, kochte die Arbeitsstimmung hoch. In sieben Tagen stand der Turm mitten in Kasan, der Hauptstadt der Prinzessin, und wie versprochen war er sieben Stockwerke hoch. Iwan der Schreckliche strahlte vor Stolz.

»Gut, na dann.« Die Prinzessin zeigte sich unbeeindruckt. »Dann muss ich dich wohl heiraten und nach Moskau ziehen«, seufzte sie. »Aber zuerst möchte ich einmal hochklettern, um Abschied von meinem Land zu nehmen.«

Die Prinzessin Suumbike stieg in den siebten Stock, winkte ihrem Volk und stürzte sich herunter. Iwan der Schreckliche war von dieser Opfergeste sehr angetan, eroberte Kasan aber trotzdem.

Im zwanzigsten Jahrhundert wurde diese Stadt zur Wiege der russischen Revolution. Lenin studierte an der dortigen Universität, und die Sozialrevolutionäre und Menschewiken wollten sich nach 1917 mit Baschkirtostan, dem Land der Baschkiren, zusammentun und eine große sowjetische »Idel-Ural Republik« gründen. Die Bolschewiken trauten aber den Tataren nicht zu viel Unabhängigkeit zu und separierten die beiden Länder. Es wurden also eine autonome Republik Baschkirien und eine Republik Tatarstan mit der Hauptstadt Kasan gegründet. In der Sowjetunion war Tatarstan hauptsächlich für die Produktion von LKWs und Hubschraubern zuständig, außerdem für viele Straf- und Besserungsanstalten. Gleichzeitig galt die tatarische Republik als arme Gegend. Die Bewohner fuhren oft nach Moskau zum Einkaufen. Ein populärer Witz aus Sowjetzeiten lautete: Was ist grün, lang und riecht nach Wurst? Der Zug Moskau – Kasan. Das hat nicht zuletzt dazu geführt, dass von acht Millionen Tataren heute nur noch zwei Millionen in Tatarstan leben.

Die russische und die tatarische Kultur sind eng miteinander verbunden. Viele Russen saßen in Tatarstan im Gefängnis, und der berühmteste Maler der russischen Natur, Schischkin, malte sein Leben lang die Natur von Tatarstan. Seine berühmtesten Bilder »Die Bärchen auf dem Baum« und »Der Birkenhain im Morgenrot« entstanden dort.

Heute ist Kasan nicht mehr so arm wie früher und an manchen Stellen sogar richtig schick geworden. Die Restaurants haben alle romantische Namen, sie heißen »Akcharlak« – die Möwe, »Leisen« – der weiche Frühlingsregen, oder »Tschulpan« – der Morgenstern. Dort werden kleine Süppchen, Teigwaren und Kartoffelgerichte serviert. Vor dem Hintereingang warten aber, glaube ich, immer noch Pferde mit einem saftigen Steak unter dem Sattel auf Gourmets.

## Der kahle Dichter

Ich habe in Moskau wenig Erfahrungen mit der tatarischen Küche gemacht, sie war in unserer Stadt nicht sonderlich präsent. In der Nähe vom Roten Platz, gegenüber dem Filmtheater »Stoßarbeiter« befand sich allerdings ein tatarischer Imbiss. Dort gingen wir gerne mit Freunden hin und aßen saftigen Etschpotschmack, fleischigen Beschbarmak und in Honig gekochten Tschak-Tschak. Dieser Imbiss war die einzige mir bekannte tatarische Küche. Auch mit Pferden hatte ich in Moskau nichts zu tun, bis 1989, als ich zusammen mit meinem Freund Katzman am ersten Mai auf offener Straße von einem Polizeipferd bespuckt wurde. Unsere Stadt bereitete sich gerade auf die Feierlichkeiten anlässlich des Tages der Internationalen Solidarität der Arbeiterklasse vor. Auf dem Roten Platz sollte eine große Kundgebung stattfinden. Weder Katzman noch ich gehörten damals zur Arbeiterklasse, wir waren eher der Klasse der faulen Säcke zuzurechnen. Ich hatte auch nicht im Traum daran gedacht, zu dieser Demonstration zu gehen. Mein Freund Katzman dagegen nutzte damals als aktiver Dissident und moralischer Terrorist jede Möglichkeit, seine unausgegorenen politischen Ansichten einer breiten Öffentlichkeit mitzuteilen. Beim letzten ersten Mai war er mit einer israelischen Flagge zum Roten Platz marschiert. Auf dem Rücken seiner Jacke stand »Lasst uns los nach Israel«. Diesmal hatte er eine ähnliche Aktion im Sinn. Katzman schlug vor, dass wir uns in die offiziellen Arbeiterkolonnen einschleichen sollten, er mit einem Hammer und ich mit einer Sichel, um die Kommunisten zu verunsichern. Ich besaß jedoch keine Sichel und wusste auch nicht, wo man eine herbekam. Es gab in Moskau keine Geschäfte, die Sicheln verkauften. Einen Hammer gab es dagegen in jedem Haushalt, ebenso Nadeln und Scheren. Aber keine Sicheln.

»Dann nehmen wir eben beide einen Hammer.« Katzman ließ sich nur schwer von seinen Ideen abbringen.

Mit großer Mühe gelang es mir, meinem Freund seinen Terrorplan auszureden. Dafür musste ich ihn jedoch zu der Demo begleiten, ohne alles, einfach nur zum Schauen. Wir gingen aus dem Haus, am Weißrussischen Bahnhof vorbei in Richtung Roter Platz. Die Sicherheitsvorkehrungen waren gewaltig. Die halbe Stadt war abgesperrt. Überall standen Polizisten, Offiziere, Ordnungshüter mit und ohne Uniform, nur mit einem roten Banner auf dem Ärmel. Vor dem Bahnhof bildete die berittene Polizei eine Art Korridor, und wer in die U-Bahn wollte, musste zwischen einer Reihe von Pferden hindurch. Wir wurden von den Massen der Arbeiter in diesen Korridor hineingezogen. Obwohl wir uns friedlich benahmen, merkten die Pferde sofort, dass an uns etwas faul war. Sie wurden unruhig.

»Schau ihnen nicht in die Augen, sie mögen das nicht«, sagte ich noch zu meinem Freund, aber da war es bereits zu spät. Völlig unvermittelt spuckte das eine Pferd Katzman ins Gesicht. Der Polizist, der auf dem Pferd saß, lächelte nur milde. Er entschuldigte sich nicht einmal für sein Tier. Für uns kam diese Attacke völlig überraschend. Wir wussten nur von Kamelen, dass sie spucken konnten, aber selbst das hatten wir bisher nur im Fernsehen gesehen. Katzman konnte eine solche Demütigung nicht ohne weiteres akzeptieren. Er spuckte zurück. Das Pferd bäumte sich auf, und der Polizist rutschte seitlich herunter. Mit einem Wort: Es wäre besser gewesen, wir hätten doch Hammer und Sichel dabeigehabt. Erst spät am Abend wurden wir auf dem Polizeirevier wieder freigelassen. Der für uns zuständige Beamte drohte uns mit dem sofortigen Vollzug der Todesstrafe, wenn man uns noch einmal an irgendeinem Ort in Moskau erwischen würde, an dem sich andere Menschen, Tiere, Polizisten, Vögel oder Reptilien aufhielten. Wir fühlten uns von der Gesellschaft ausgestoßen. Andererseits hatten wir sowieso schon lange vor, auf Reisen zu gehen. Diese kleine Auseinandersetzung mit dem Pferd war der letzte Anstoß, der uns half, unsere schon lange geplante Reise an die Wolga anzutreten. In zwanzig Tagen besuchten wir acht Städte und fuhren bis nach Astrachan und zurück.

Unter anderem stiegen wir in Kasan aus. Am Ufer verkauften Kinder und Rentner getrocknete Fische. Im Zentrum liefen die Bewohner in grünen Hauspantoffeln über die Straße, auf den Bänken saßen Omas und kauten Sonnenblumenkerne. Quer über die öffentlichen Straßen hing überall private Bettwäsche zum Trocknen. Die Bettlaken der Bevölkerung verdeckten den wenigen vorbeifahrenden Autos die Sicht. Außer Bettwäsche hingen auch einige rote Banner über den Straßen, ein paar Leninporträts sowie Transparente mit für uns unverständlichen Sprüchen. Die Buchstaben waren wie die unseren, aber zusammengesetzt ergaben die Sätze keinen Sinn. »Lenin bene, lenin mene, lenin tirdildik« oder so ähnlich.

»Die Kommunisten haben den Tataren ihr Latein ausgetrieben und sie gezwungen, sich in kyrillischen Buchstaben auszudrücken!«, erklärte mir Katzman.

Als Erstes durchkämmten wir Kasan auf der Suche nach etwas Essbarem. In den Geschäften, die wir besuchten, gab es jedoch nur Streichhölzer, selten Mineralwasser, grüne Pantoffeln und Zigaretten der Marke »Prima«. Unsere letzte Hoffnung war Marat, ein alter Freund aus Kasan, den wir vor Jahren in Moskau kennen gelernt hatten. Wir kannten jedoch seine Anschrift nicht. Aber Kasan war niedlich: Man konnte dort jeden nach jedem fragen. Nachdem wir einigen Leuten unseren Freund beschrieben hatten, wurde uns sofort sein Haus gezeigt.

Marat war ein kleiner, sehr beweglicher Mann mit einem langen Bart; er wirkte ein wenig wie ein fliegender Shaolin-Mönch aus alten chinesischen Filmen. Marat wohnte in einer Zwei-Zimmer-Wohnung mit seiner Frau, die gerade nach Moskau zum Einkaufen gefahren war, und drei Töchtern im Teenageralter: Aurora, Venera und Zemfira. Die eine war rothaarig, die andere blond und die dritte brünett. Marat selbst hatte eine Vollglatze und war Dichter, Denker und Maler von Beruf. Er übersetzte außerdem alttatarische und baschkirische Poesie ins Russische und illustrierte Volksmärchen. Er tat also nichts Vernünftiges und hatte außer Äpfeln nichts zu essen. Marat spürte aber seine Armut nicht, er war seiner schöpferischen Tätigkeit zu sehr verfallen. Als Dichter konnte Marat keiner regelmäßigen Arbeit nachgehen, denn jede Sekunde konnte ihn seine Muse besuchen, die sehr launisch war. Sie besuchte Marat täglich, aber jedes Mal dort, wo er sie am wenigsten erwartete. Sie besuchte ihn auf dem Klo. Dann schrie er nach seinen Töchtern, sie sollten ihm sofort sein Notizbuch und einen Stift unter der Toilettentür durchschieben. Sie besuchte ihn, wenn er aus dem Haus ging und gerade nichts zum Schreiben dabeihatte. Deswegen ging Marat kaum aus dem Haus. Sie besuchte ihn im Schlaf, aber beim Aufwachen konnte er sich an nichts mehr erinnern, deswegen blieb er die meiste Zeit wach.

Wir sprachen mit seinen Töchtern, wie sie es in Kasan schafften, sich zu ernähren. Es musste da ein Geheimnis geben, dachten wir. Marat selbst interessierte sich anscheinend nicht fürs Essen. Er jagte die Muse und ernährte sich hauptsächlich von Tee und Zigaretten der Marke »Prima«. Seinen Tee trank er mit Äpfeln, das war seine tatarische Küche.

Die sozialistische Planwirtschaft funktionierte nach einer seltsamen, nicht nachvollziehbaren Logik. In der Regel gab es nirgends etwas, manchmal aber tauchten die merkwürdigsten Sachen an den entlegensten Orten auf. Die Töchter erzählten uns, es existiere ein Laden in Kasan, in dem es immer Fleischprodukte gäbe.

»Sie haben dort jedes Mal etwas anderes«, erzählten uns die Töchter. »Innereien, Hufe, Rinderleber oder Zungen.«

Keine Hufe der Welt konnten uns erschrecken, so hungrig waren wir inzwischen. Wir hätten sogar Hörner gegessen. Also gingen wir alle zusammen zu diesem Laden. An dem Tag gab es aber keine Hufe und Hörner, sondern nur Euter dort zu kaufen. »Ich mache euch Karik Karta«, meinte Marat, »eine alttatarische Speise.« Ich hatte noch nie Karik Karta gegessen, mein Freund Katzman auch nicht. Wir kauften fünf Kilo Euter.

»Die Euter müssen erst einmal für ein paar Tage in Wasser gelegt werden«, erklärte uns Marat. Aber angesichts des großen Hungers könnten wir die Dinger auch gleich kochen. Die Töchter setzten Wasser auf. Die Euter färbten das Wasser weiß, wir mussten den Schaum abschöpfen. Die ganze Familie versammelte sich um den Herd. Nach fünf Stunden Kochen war das Wasser im Topf noch immer milchig weiß. Marat steckte seinen Finger in das kochende Wasser, rubbelte an den Eutern und schüttelte den Kopf. Noch nicht fertig! Wir wechselten das Wasser und tranken das Milchkonzentrat. Es schmeckte nicht übel, irgendwie exotisch. Danach kochten wir die Euter weiter. Das Kochen dauerte fast die ganze Nacht. Die Töchter brachten einen Kassettenrekorder, und es kamen einige Nachbarn, die sich für unser kulinarisches Experiment interessierten. Sie brachten ein wenig Brot, hausgemachte Wurst und Kartoffeln. Irgendwie wurden zwischenzeitlich alle satt, und mein Freund Katzman bekam sogar Durchfall, weil er zu dem Milchkonzentrat noch Äpfel gegessen hatte. Die Euter kochten immer weiter und wurden langsam gelb.

»Falsche Farbe, noch nicht fertig«, murmelte Marat.

Noch in der gleichen Nacht beschlossen Katzman und ich, Kasan in Richtung Astrachan zu verlassen. Ich weiß also noch immer nicht, wie Euter schmecken. Und welche Farbe diese Dinger am Ende annehmen. Isst man Karik Karta nun grün, blau oder rot? Vielleicht kocht Marat sie immer noch… Die wichtigste kulinarische Erkenntnis, die ich aus Kasan mitgenommen habe, lautet aber: Beim Kochen kommt es nicht nur auf die Zutaten an.

# Tatarische Küche

Alle Zutaten sind für vier Personen berechnet.

## ᶜ∾ Vorspeise ∾ᶜ

### Etschpotschmack (Dreieckskuchen)

Zutaten:
200 g Hefeteig, 200 g Lamm- oder Rinderfilet, 4 Kartoffeln, 60 g Butter, 1 Zwiebel, 2 Eier, Salz, Pfeffer, Fleischbrühe

Zubereitung:
Das Fleisch und die Kartoffeln in walnussgroße Stücke schneiden, in eine tiefe Schale geben, klein geschnittene Zwiebel zufügen, salzen, pfeffern, gut vermengen. Den Teig ausrollen und mit einem Glas Kreise ausstechen. Auf jeden Kreis Fleischfüllung geben, die Fladenränder von drei Seiten anheben und zusammendrücken. In der Mitte sollte eine kleine Öffnung bleiben. Die drei Ecken mit Ei bestreichen und dreißig Minuten bei 180 Grad im Ofen backen. Aus dem Ofen nehmen und in jede Öffnung mit einer Spritze die Brühe geben. Noch einmal dreißig Minuten backen.

## ᘡ Suppe ᘠ

### Nomadensuppe

<u>Zutaten:</u>

500 g Lammfleisch, 400 ml Brühe, 20 g Tomatenmark, 200 g Rettich, 1 Zwiebel, 50 g Speck, 1 Knoblauchzehe, 400 g Suppenknochen, 100 g Weizenmehl, 1 Ei, Gewürze, Salz, Pfeffer nach Geschmack

<u>Zubereitung:</u>

Lammfleisch und Speck in kleine Stücke schneiden, in die Pfanne geben, Tomatenmark zufügen und braten. Die Zwiebel und den Rettich in dünne Scheiben schneiden und andünsten. Fleisch und Gemüse in den Topf geben, mit Brühe übergießen und fünfzehn Minuten kochen. Aus dem Teig dünne Nudeln schneiden, in die Suppe geben und noch einmal drei bis vier Minuten kochen. Mit klein gehacktem Knoblauch und Gewürzen servieren.

## ᓚᓂ Hauptgericht ᓂᓗ

### Teigtaschen mit Hanfsamen

Zutaten:
Für den Teig: 200 g Weizenmehl, 1 Ei, 4 EL Wasser
Für die Füllung: 2 Kartoffeln, 1 Ei, 50 g saure Sahne, 20 g Butter, 100 g Hackfleisch, 2 EL Hanfsamen

Zubereitung:
Die Hanfsamen zwei Stunden im Backofen trocknen lassen, dann in einem Mörser zerstoßen. Das fertige Hanfmehl mit Kartoffelbrei und Ei vermischen. Den Teig vorbereiten und ausrollen. Mit einem Glas kleine Kreise ausstechen, auf jeden kreisförmigen Fladen etwas Füllung geben und die Teigenden zusammendrücken. Die Teigtaschen in das kochende Wasser geben und kochen, bis sie an der Oberfläche auftauchen. Mit saurer Sahne oder Butter servieren.

## ❦ Dessert ❦

### Tatli

<u>Zutaten:</u>
<u>Variante A:</u> 5-6 g schwarzer Tee, 100 ml Wasser, 100 ml Milch, 1 TL Butter, Salz nach Geschmack
<u>Variante B:</u> 500 g Zucker, 150 ml Milch

<u>Zubereitung:</u>
<u>Variante A:</u> Tee und Milch in kochendes Wasser geben, fünf Minuten kochen, ab und zu umrühren, salzen, Butter zugeben, in Teeschalen servieren.
<u>Variante B:</u> Milch mit Zucker dreißig Minuten kochen, ab und zu umrühren. Ob das Tatli fertig ist, wird auf folgende Weise überprüft: Man nimmt einen Teelöffel davon und gibt das Tatli in kaltes Wasser. Wenn sich dabei ein Bällchen bildet, ist das Tatli fertig. Die Masse dann ca. zwei Zentimeter dick auf einem Backblech ausrollen und Figuren ausschneiden: den Ritter, die Schlange, das Pferd.

# SÜDRUSSLAND

Der Süden Russlands galt lange Zeit als Musterbeispiel des sowjetischen Internationalismus. Der Fremde, der andersgläubige Nachbar waren hier seit Urzeiten ein fester Bestandteil des Alltags. Mindestens drei Dutzend Völker leben und arbeiten in den Bergen und Steppen des Nordkaukasus eng nebeneinander: Osseten, Tscherkessen, Russen, Ukrainer, Armenier, Inguschen, Kabardiner, Tschetschenen. Sie sind Moslems, Christen, Feueranbeter, Eingeborene oder Zugezogene. Alle leben in Frieden, allerdings ohne einander besonders zu mögen. Der Berg von Vorurteilen und alten Rechnungen, die Verbreitung der Feuerwaffen, die hier in der Gegend zu jedem nationalen Kostüm quasi dazugehören, sind einfach zu groß. Infolgedessen kann jede kleinste Auseinandersetzung sofort die ganze Region in ein Blutbad stürzen. Dazu kommt noch das berühmte kaukasische Temperament – ein gequetschter Fuß in der Straßenbahn, ein unvorsichtiges

Wort, und schon brennt die Luft. Deswegen sind alle in eine mysteriöse Höflichkeit verstrickt, die oft überkandidelt wirkt. Selbst zu einem Bekannten sagt man nicht einfach »Guten Tag«, wenn er einem den Rücken zukehrt. Er könnte sich erschrecken und unangemessen reagieren.

Die beiden ersten tschetschenischen Kriege haben noch mehr Waffen in den russischen Süden gebracht. Die Menschen sind daran gewöhnt und verwechseln Angst nicht mit gesunder Vorsicht. Selbst wenn einer mit einer Kalaschnikow durch die Gegend läuft, wird er früh genug auf jemanden mit einer Stinger-Rakete treffen. Wenn man also einen mit einer Rakete trifft, sagt man am besten gar nichts, weder »Guten Tag« noch »Auf Wiedersehen«. Ein Pokerface ist der übliche Gesichtsausdruck. Mit diesem Pokerface wachsen die Menschen hier auf, immer wachsam und höflich zueinander.

In den Neunzigerjahren wurde diese nette Gemeinschaft zu einem beliebten Zufluchtsort für viele Minderheiten, die nach dem Ende des Sozialismus ihre Heimat wegen ethnischer Konflikte verlassen mussten: Armenier aus Aserbaidschan, russische Kosaken aus Tschetschenien und Kurden, von denen niemand genau wusste, wo die nun herkamen. Es interessierte aber auch niemanden sonderlich. Die nationalen Hintergründe zählen in der Gegend nicht, sondern nur Fleiß und Mut.

Der russische Süden war schon immer relativ dünn besiedelt, dort fanden noch im siebzehnten Jahrhundert flüchtige Wehrpflichtige, Andersgläubige und Rebellen aller Couleur Unterschlupf. Mit der Auflösung der Sowjetunion zerfielen hier auch die vielen Kollektivwirtschaften, die Mais- und Sonnenblumenfelder verwilderten und wurden von Unkraut überwuchert. Auf den Weideplätzen grasten keine Pferde und Kühe mehr. Und dann passierte das, was immer in solchen Fällen passiert: Die flüchtigen Völker trafen auf verlassenes Land.

Die Neuankömmlinge wurden natürlich von den Einheimischen geprüft. Die Hoffnung auf leichte Beute stirbt auch im Kaukasus nie aus. Bei den Kosaken aus Tschetschenien ging es ganz schnell. Die einheimischen Nachbarn kamen eines Abends, um den Neuen ihre Jagdgewehre zu präsentieren. Die Kosaken zeigten ihrerseits stolz, was sie aus Grosny mitgebracht hatten: AK74, Vollautomatik, sechshundert Schuss pro Minute. Sie redeten noch ein wenig über das Wetter und die Aussichten auf eine gute Ernte, schließlich wünschten sie sich gegenseitig ein friedliches Leben und gingen auseinander. Auch die Armenier wurden respektiert, und die Kurden zogen irgendwann weiter.

So lebten sie in der Steppe, Sowjetunion hin oder her – es gab für alle viel Platz und wenig Staatsgewalt.

Dann eines Tages, Mitte der Neunzigerjahre, kamen die Chinesen. Diese Völkerwanderung brachte sogar die gelassensten Kaukasier etwas aus der Fassung. Von den Chinesen hatte man hier bisher nur aus dem Fernsehen gehört, wenn mal wieder davon berichtet wurde, dass sie im fernen Osten und in Sibirien bereits große Territorien Russlands bevölkerten. Oft illegal eingereist, gründeten sie in der Taiga Landkommunen, hackten Holz und verkauften es nach China. Die rechten russischen Zeitungen schlugen Alarm: »Unser geliebtes Vaterland wird von China überrannt!« Im Süden machte man aber eher Witze darüber: »Wir werden hier schon über die Runden kommen, zumindest bis die Chinesen kommen«, hieß es ironisch im Volksmund. Gemeint war ewig. Aber plötzlich waren sie da.

Die Chinesen pachteten die ehemaligen Sonnenblumen- und Maisfelder, versumpften den Boden mit Wasser und pflanzten Lauch und Reis an. Die chinesischen Lauchzwiebeln waren mustergültig groß und wurden gern auf den Märkten gekauft. Die Einheimischen schimpften über sie. Das Wasser in der Gegend ist salzig und mineralhaltig, die Erde, die mit solchem Wasser verseucht wird, bringt zwei bis drei Jahre eine gute Ernte, ist aber danach für mehrere Jahrzehnte unfruchtbar.

»Die verfluchten Chinesen versauen unseren ganzen Boden!«, regten sich die Einheimischen auf. »Sie haben überhaupt keinen Bezug zu dieser Erde.« Die Chinesen wollten aber auch keinen Bezug zu ihr entwickeln. Sie pachteten einfach ein neues Stück Land, wenn das alte nichts mehr hergab, ansonsten schufteten sie hart auf ihren Feldern – zwanzig Stunden am Tag, fleißig, alles per Hand ohne jegliche Technik. Von den Jagdgewehren der Einheimischen zeigten sie sich auch unbeeindruckt. Inzwischen ist die chinesische Gemeinde im Nordkaukasus eine feste Größe. Legal oder illegal, oft mit einem Pass für zwanzig Mann, leben sie dort. Und wenn die Ordnungshüter bei den neuen Pächtern vorbeischauen, werden sie mit Geld oder Waren geschmiert.

Nach einer Weile konnten die meisten anderen Völker sich mit den Chinesen vertragen. Nur die Russen schimpfen. Weil die Chinesen ihre kurze Freizeit anscheinend nicht nur zum Schlafen und zur Erholung nutzen: Nach jeder Pachtsaison werden in den russischen Dörfern mehr chinesische Kinder geboren, im Volksmund werden sie liebevoll-rassistisch »Schlitzäuglein« genannt.

## Fünf Hühner im Schmand

1992 eskalierte in Tschetschenien der nationale Konflikt. Der frisch gewählte Präsident Dudajew rief die Unabhängigkeit Tschetscheniens aus, und es häuften sich Überfälle auf die russische Bevölkerung. Am Anfang waren es noch Einzelfälle. Man erzählte einander gruselige Geschichten, wie der Freund eines Freundes, der am anderen Ende der Stadt lebte, mitsamt seinem Haus von den Tschetschenen angezündet wurde, weil er nicht ausziehen wollte. Im Sommer rieten sogar die gemäßigten Tschetschenen ihren russischen Nachbarn, so schnell wie möglich abzuhauen. Die Russen mussten ihre Häuser praktisch für nichts verkaufen und ins Ungewisse ziehen. Der Druck war groß, die Zeit knapp. Nachts wurde geschossen, tagsüber verhandelt. Ende Juli verließ die Familie meiner Schwiegermutter ihre Heimatstadt Grosny mit einem gemieteten Lastwagen – sechs Frauen im Laderaum, ein Mann am Steuer. Sie fuhren nach Russland, in das kaukasische Mineralnie-Wodi-Gebiet. Dort hatten sich schon früher Flüchtlinge aus Tschetschenien angesiedelt, größtenteils Kosaken, um unter russischer Flagge ein neues Leben in der Steppe zu beginnen.

Die einheimischen Bauern beobachteten die Neuankömmlinge mit Misstrauen. Alle Welt wusste doch, dass Kosaken keine Ahnung von Landwirtschaft haben. Aber diese halfen sich untereinander. Noch bevor sie anfingen, Häuser zu bauen, pflanzten die geflüchteten Kosaken Bäume. Ihren Garten in Grosny mit den hundertjährigen Bäumen vermissten sie besonders. Also pflanzten sie erst einmal einen Nussbaum, eine Fichte, einen Kirschbaum und einen Aprikosenbaum.

Zum Glück war 1992 kein besonders heißer Sommer, und es regnete alle zwei Tage. Die Familie legte ein Beet mit Dill, Petersilie und Lauch an und konnte alle zwei Wochen eine kleine Ernte einfahren. Bis Mitte Oktober verkaufte sie die Kräuter am nahe gelegenen Bahnhof für fünfzig Rubel das Bündel. Von dem Geld wurden warme Semmeln mit Kartoffeln zu je zweihundertfünfzig Rubel und billige Fischkonserven gekauft: »Strömling in Tomatensauce«. Damit ernährten sie sich in der ersten Zeit. Die warmen Semmeln am Bahnhof schmeckten gut, das neue Leben schien langsam zu funktionieren. Sie waren fast glücklich.

Von dem Rest des Geldes kauften sich die Kosaken noch ein paar Pflaumenstecklinge auf dem Markt.

Die Bauern aus dem Dorf lachten über diese Baumleidenschaft. Von solchen Projekten hielten sie nichts. Sie selbst hielten Schweine, hunderte von Hühnern und oft auch noch ein paar Kühe. Diesen Aufwand konnten sich die Kosaken nicht leisten. Man brauchte dafür einen Zugang zum Futterlager der Rinderkolchose »Iljitschs Vermächtnis«, die sieben Kilometer vom Dorf entfernt langsam vor sich hin siechte. Also konzentrierten sich die Kosaken auf Gemüse.

Der kaukasische Lehmboden erwies sich als nicht sonderlich fruchtbar. Die Hitze riss den trockenen Boden auf, und das Wasser verschwand in Erdritzen. Die Kartoffeln wurden vom Coloradokäfer so stark angefressen, dass man auf drei Kilo eingepflanzte Kartoffeln nur zwei Kilo erntete. Der Wind brachte Unkraut, und von früh bis spät hockten die Kosaken auf ihren Beeten in der berühmten Unkrautbekämpfungsposition: Kopf unten, Hintern hoch. Erdbeeren, Tomaten, Paprika, Gurken – alles, was der Kartoffelkäfer nicht geschafft hatte, ernteten die Kosaken. Parallel dazu wurde das Haus gebaut. Vom Bauwagenleben hatten bereits alle die Nase voll. Silvester 1993 war das Haus fertig. Die Familie zog um, und der Hund Big Bill, der aus Grosny mitgekommen war, sowie zwei Katzen ohne Namen, die aus dem Dorf stammten, zogen mit.

Im darauf folgenden Frühling kaufte die Familie bei einem Geflügelzüchter im Dorf auf Kredit zwei Gänse und zwei Dutzend Hühner. Sie rentierten sich aber alle nicht. Die Gänse liefen ständig weg, die eine wurde dann von Big Bill, die andere von einem kaukasischen Geier gefressen. Mit dem restlichen Geflügel war es umgekehrt: Keiner wollte die Hühner umbringen. Die Kinder fingen sofort an zu weinen, wenn jemand aus der Familie mit einem Messer auf den Hof ging. Also starben die Hühner langsam an Altersschwäche. Die Bauern im Dorf lachten sich tot. »Kein Wunder, dass die Tschetschenen euch verjagt haben!«, lästerten sie.

Nach einigen Jahren wurden sie aber neidisch. Während sie mit ihren Schweinen und Hühnern immer noch in der Steppe lebten und von Wind und Sonne ausgetrocknet wurden, genossen die Kosaken das Leben in einer Oase. Der lehmige kaukasische Boden war zwar schlecht für Kartoffeln, aber sehr gut für Bäume aller Art. Sie wuchsen wie verrückt. Aus einem Nussbaum wurden vierundfünfzig Nussbäume. Die Aprikosen-, Pflaumen- und Kirschbäume bildeten zusammen einen kleinen Garten Eden in der Steppe. Inzwischen sind sie schon zwölf Jahre alt. Die Kosaken trinken selbst gemachten Pflaumenwein und backen Nusstorten. Mittlerweile gedeihen auch die Weinreben im Garten. Fast alle im Dorf ernähren sich selbst, nur einmal in der Woche fährt einer in die Stadt auf den Markt, um Mehl und Kartoffeln für alle zu besorgen. Die restlichen Lebensmittel werden entweder selbst produziert oder beim Nachbarn eingetauscht. Jemand, der eine Kuh hat, versorgt die anderen mit Sahne, dafür bekommt er Gurken, Tomaten oder Wein. Im Haus meiner Schwiegermutter lagern Weinvorräte im Keller, die für einen dreißigjährigen Krieg reichen und eine ganze Armee bei Stimmung halten würden.

Meine Schwiegermutter ist für ihren Wein in der ganzen Gegend bekannt, er steht auf der heimischen, sehr kurzen Delikatessenliste obenan. Ich habe selbst die Faszination dieses Getränks am eigenen Leib gespürt. Es schmeckt wie eine leichte Brause, ist aber in Wirklichkeit stärker als Wodka. Man bleibt im Kopf kristallklar, geht aber schon nach zwei Gläsern zu Boden. Das Einzige, was die Familie noch immer nicht gelernt hat, ist, Hühner zu schlachten. Sie kaufen deswegen amerikanische Hühner auf dem Markt, im Volksmund »Bush-Schenkel« genannt. Diese Bush-Schenkel haben einen guten Ruf in der Gegend, weil sie noch preiswerter als die einheimischen sind, gut aussehen und niemals schlecht werden. Also wird davon gleich ein ganzer Zentner gekauft. Jedes Huhn wird von der Hausfrau persönlich mit Schmand und Knoblauch eingerieben und auf ein Glas gesetzt, damit die Säfte nicht verloren gehen. Danach wird der Hühnerhaufen im Ofen gebacken. Viel Gemüse und ein Zehn-Liter-Kanister mit Wein gehören auch auf den Tisch – fertig ist das Kosaken-Abendessen.

Vor kurzem hatte die Familie eine neue Geschäftsidee: ein Fischteich im Garten mit ein paar schönen Birken und Fichten am Ufer, einem kleinen Wasserfall und großen fetten Karpfen darin, die man später essen oder auf dem Markt verkaufen könnte. Die Leute im Dorf glauben nicht an die Geschäftstüchtigkeit der Nachbarn.

»Das werden doch bestimmt Goldfische sein«, lästern sie.

## Südrussische Küche

Alle Zutaten sind für vier Personen berechnet.

### ∽ Vorspeisen ∾

#### Vinaigrette

Zutaten:

2 Kartoffeln, 1 Rote Bete, 2 Salzgurken, 2 Möhren,
100 g Sauerkraut, 1 Zwiebel, 100 ml Sonnenblumenöl,
1 TL Essig, Salz, Pfeffer

Zubereitung:

Kartoffeln, Rote Bete und Möhren kochen, abkühlen, schälen und in Würfel schneiden. Die Rote Bete mit dem Essig beträufeln, damit sie nicht abfärbt. Die Gurken würfeln, das Sauerkraut auspressen. Alle Zutaten vermischen, salzen, pfeffern und mit dem Öl anmachen. Kalt servieren.

## Zucchini in Mayonnaise

Zutaten:

4 Zucchini, 2 EL Sonnenblumenöl, 1 Knoblauchzehe,
200 g Weizenmehl, 200 g Mayonnaise, Pfeffer, Salz, Petersilie

Zubereitung:

Die Zucchini waschen, schälen, in Scheiben schneiden. Jede Scheibe mit Mehl panieren, salzen und in der heißen Pfanne mit dem Öl von beiden Seiten anbraten. Zur Mayonnaise zerdrückten Knoblauch geben und gut umrühren. Jede Scheibe von der einen Seite reichlich mit Mayonnaise bestreichen, dann alle Scheiben auf einer Platte zu einem Häufchen stapeln und mit gehackter Petersilie bestreuen.

## ෴ Suppe ෴

### Fleischsolyanka

Zutaten:

200 g Rindfleisch, 200 g Kalbfleisch, 100 g Speck,
100 g Würstchen, 250 g Hühnerfleisch, 3 Zwiebeln,
3 Salzgurken, 4 EL Tomatenmark, 4 EL Butter, 100 g Kapern,
100 g Oliven, 1 Zitrone, Suppengrün, Kräuter, Salz, Pfeffer,
Crème fraîche

## Zubereitung:

Aus dem Rindfleisch und dem Suppengrün eine Brühe kochen. Das Fleisch aus dem Topf nehmen und würfeln. Das Kalbfleisch anbraten und würfeln, das Hühnerfleisch kochen und würfeln. Die Salzgurken in schmale Streifen schneiden und in etwas Brühe kurz dünsten. Die Zwiebeln in schmale Streifen schneiden und anbraten, das Tomatenmark zugeben und fünf bis sechs Minuten dünsten. Alle Fleischzutaten, Gurken, Zwiebeln und Kapern in die kochende Brühe geben und zwanzig Minuten köcheln lassen. Mit Crème fraîche, einer Scheibe Zitrone, den gehackten Kräutern und Oliven servieren.

## ⸙ Hauptgerichte ⸙

### Fisch in Marinade

Zutaten:
400 g Fischfilet, 2 EL Weizenmehl, 4 EL Pflanzenöl,
1 Zwiebel, Kräuter, Salz
Für die Marinade: 3 Möhren, 2 Zwiebeln, 1 Petersilienwurzel, 4 EL Pflanzenöl, 2 EL Tomatenmark, 2 EL Essig,
1 TL Zucker, 400 ml Wasser oder Fischbrühe, Salz und Gewürze (Pfeffer, Lorbeerblatt, Nelke, Kardamom, Koriander)

### Zubereitung:

Das Fischfilet in Würfel schneiden, salzen, mit Mehl panieren und in Öl anbraten. Das Gemüse in schmale Streifen schneiden, in Öl anbraten, Tomatenmark zugeben und fünf bis sieben Minuten weiterbraten. Wasser oder Brühe, Essig und Gewürze hinzufügen und fünfzehn bis zwanzig Minuten kochen. Salz und Zucker dazugeben. Das Fischfilet mit der fertigen Marinade übergießen und fünfundzwanzig Minuten dünsten, ohne umzurühren. Das Gericht mit klein gehackten Kräutern bestreuen und kalt servieren.

**Teftelen auf Kosakenart**

### Zutaten:

500 g gemischtes Hackfleisch, 200 g frische Pilze, 1 Zwiebel, 8 Kartoffeln, 100 g Butter, Salz
Für die Sauce: 150 g Crème fraîche, 50 g Butter,
1 EL Weizenmehl, Salz

### Zubereitung:

Das Hackfleisch salzen, etwas Wasser zugeben und umrühren. Die Pilze und die Zwiebeln klein hacken und in Butter anbraten. Das Hackfleisch zu Bällchen rollen und flach drücken. In die Mitte jedes Fladens die Pilze mit den Zwiebeln hineindrücken und wieder zu Bällchen rollen, mit Mehl panieren und anbraten. Die Kartoffeln waschen, schälen, in schmale Streifen schneiden und anbraten. Das Mehl ohne Butter anbraten, bis es eine cremige Farbe annimmt. Butter, Crème fraîche und Salz verrühren und zum Kochen bringen. Die Fleischbällchen in eine feuerfeste Form geben und Bratkartoffeln darum herum legen. Die Sauce darüber gießen und bei 180 Grad dreißig Minuten im Ofen backen.

## ᨳ Dessert ᨳ

### Pflaumen mit Mandeln

Zutaten:
Variante A: 500 g getrocknete Pflaumen, 200 g Mandeln, 200 g Crème fraîche, 3 EL Zucker, 100 ml Schokoladensauce
Variante B: 500 g getrocknete Pflaumen, 200 g Mandeln, 200 ml Weißwein, 3 EL Puderzucker, 100 ml Schokoladensauce

Zubereitung:
Variante A: Die Pflaumen mit heißem Wasser übergießen und zwei Stunden stehen lassen. Die Mandeln mit heißem Wasser überbrühen und die Haut abziehen. In jede Pflaume eine Mandel drücken. Die gefüllten Pflaumen in eine Schale legen, Crème fraîche mit dem Zucker verquirlen und in die Schale füllen. Mit Schokoladensauce bedecken.
Variante B: Die Pflaumen mit Weißwein übergießen und fünf

Minuten kochen, dann abkühlen lassen. In jede Pflaume eine Mandel drücken, in eine Schale legen, mit Puderzucker bestreuen und die Schokoladensauce darüber gießen.

# Anlage I

**Echte Russen mögen keinen Kaviar**

Das in aller Welt verbreitete Klischee, Wodka und Kaviar seien typisch russische Leckereien, ist falsch. Wie jeder vernünftige Mensch würde der Russe zum Wodka viel lieber eine Salzgurke essen und sich den Kaviar für Silvester aufsparen. Dieses edle Zeug hatte schon immer eine merkwürdige Stellung in Russland – es war weder ein populäres Lebensmittel noch ein begehrtes Prestigeobjekt. In meiner sozialistischen Jugend war Kaviar ein Propagandaprodukt, nicht zum Essen, sondern zum Angeben im Ausland bestimmt. In den Kühlschränken der Bevölkerung war Kaviar eher selten. Intern favorisierte die Sowjetmacht andere Produkte: den Schmelzkäse »Freundschaft« in Metallfolie sowie »Sajra im eigenen Saft« und »Jungbulle in Tomatensauce«, beides sehr spezielle sowjetische Fischkonserven, dem Rest der Welt unbekannt.

Mit solchen Konservenbüchsen waren die Schaufenster aller Lebensmittelläden zugemauert.

Kaviar dagegen war ein Politikum, das von allen Seiten instrumentalisiert wurde. Die Anhänger der Monarchie behaupteten, vor der Revolution gab es in Russland Kaviar für Arm und Reich in großen Mengen, aber die Kommunisten hätten alle Vorräte aufgegessen. Die Stalinisten meinten wiederum, unter Stalin lag Kaviar in jedem Lebensmittelladen auf der Theke. Später wurde Gorbatschow von den Nationalisten bezichtigt, den ganzen Kaviar an den Westen verkauft zu haben. Es war immer der Feind, der unseren Kaviar aufgegessen hatte. In meinem Elternhaus gab es Kaviar zu großen Feiertagen in kleinen Mengen auf dem festlich gedeckten Tisch. Oft blieb er unberührt.

»Sie haben den ganzen Hering und alle Gurken gegessen, aber den Kaviar stehen gelassen«, schimpfte meine Mutter auf die Gäste.

Nach dem Fall des Sozialismus konnte man erwarten, die Neureichen würden teuren Kaviar täglich zum Frühstück essen, allein schon um sich vom Rest der Bevölkerung kulinarisch abzuheben. Doch er schmeckte den Reichen nicht. Die meisten kamen aus einfachen Verhältnissen und waren mit Salzgurken aufgewachsen. Sie sehnten sich eher nach westlicher Exotik.

Und so wurde nicht der Kaviar zum Symbol des süßen Lebens in Russland, sondern die Ananas. Fast wie in Deutschland, wo die Wiedervereinigung ganz im Zeichen der Banane stattfand.

Ananas stand bei uns für verschwenderischen Lebensstil. Zu Zeiten der Großen Oktoberrevolution rief der Dichter Wladimir Majakowski den langsam entschwindenden Reichen hinterher: »Fresst Ananas und Haselhuhn, müsst bald den letzten Seufzer tun!« In Zeiten der Konterrevolution erlebte die Ananas eine wahre Renaissance auf den Speisekarten. Sie wurde sogar als moderne Beilage zum Wodka serviert. Der Kaviar blieb dagegen ein Exportschlager, etwas, das man gerne anderen verkauft, aber nicht selber isst.

In Astrachan, einer Stadt an der Wolga, gibt es einen Schwarzmarkt für Schwarzkaviar, er wird dort sehr preiswert für hundertfünfzig Euro pro Kilo verkauft. Natürlich ist der Verkauf sowie der Erwerb von Kaviar auf dem Markt strafbar, trotzdem finden sich dort täglich Abenteurer zusammen, die ein paar Kilo Kaviar erwerben wollen, um ihn später in Moskau für das Fünffache zu verkaufen. Viele Verkäufer arbeiten in Astrachan aber mit der Polizei zusammen. Wenn sie ihre Ware verkauft haben, geben sie den Polizisten Bescheid, die halten den Wagen an, beschlagnahmen den Kaviar und fordern eine hohe Geldstrafe. Der Kaviar landet dann wenig später wieder bei dem gleichen Verkäufer. Ein Bekannter von mir hatte einmal diese gut funktionierende Geschäftskette durcheinander gebracht, als er den ganzen Kaviar aus Frust sofort aufaß, statt ihn nach Moskau zu transportieren. Die Polizisten wollten ihm einfach nicht glauben, obwohl er wie ein Tintenfisch roch.

Heute essen die Reichen in Russland zwar keine Ananas mehr, trotzdem bevorzugen sie die ausländische Küche und stellen französische Starköche ein oder lassen sich Mode-Sushi aus Japan mit einem Jet einfliegen. Ein Freund aus alten Zeiten, der als Pokerspieler in der Sowjetunion anfing und es in der neuen Zeit zu einem superreichen Spielkasinobetreiber geschafft hat, erzählte mir neulich, seine dritte Frau füttere ihre Lieblingskatze Albert mit schwarzem Kaviar. Der Kasinobesitzer war nach Deutschland zum Einkaufen gekommen. Er suchte zwei Dinge: einen schicken Rennwagen für sich und ein Katzenhaus für seine Frau. Sein Einkaufstrip war anstrengend. Das Katzenhäuschen für die neureiche Katze war riesengroß und kompliziert gebaut. Es sollte an der Decke montiert werden, die Wände bestanden innen aus lackiertem Holz und waren außen mit Kaninchenfell bezogen, aus dem weiße Wollmäuse an Strippen heraushingen. Kurzum: Das Haus passte nicht ins Auto, und unser Freund war mit seinen Nerven am Ende. Zwischendurch rief ihn auch noch seine Frau aus Moskau an und berichtete ihm Neues vom Appetit ihrer Katze.

»Albert hat heute schon hundert Gramm gegessen«, erzählte sie stolz.

Gemeinsam haben wir es dann geschafft, das Haus ins Auto zu verfrachten. Später erfuhr ich, dass unsere Bemühungen doch umsonst gewesen waren, denn der mit Schwarzkaviar voll gepumpte Albert passte nicht in das Katzenhaus.

»Auch die Reichen haben Grund zum Weinen«, meinte meine Frau dazu.

# Anlage II

## Mutters Küche

Von allen kulinarischen Attraktionen meiner Kindheit ist mir hauptsächlich Cholodez in Erinnerung geblieben, eine Mischung aus Suppe und Fleischgericht, die wie Sülze aussieht, aber unvergleichlich besser schmeckt und – das Wichtigste – aus eigener Kraft, das heißt ganz ohne Gelatine, fest wird. Zu jedem feierlichen Anlass, ob ein lang ersehnter Geburtstag oder ein überraschender Besuch der Verwandtschaft aus Odessa, krönte dieses Gericht unseren festlich gedeckten Familientisch. Obwohl meine Mutter auf der Einzigartigkeit ihres von der Großmutter vererbten Familienrezepts bestand, hatte ich mehrmals dasselbe Cholodez auch bei fremden Leuten auf dem Tisch gesehen. Meine Großmutter musste das Rezept auch dem Rest der Bevölkerung verraten haben.

Bei den wenigen offiziellen Feiertagen, die unser

Land geschlossen feierte, ohne Reue und ohne Rücksicht auf den Tag danach, genoss Cholodez eine herausragende Stellung. Über das Jahr verteilt waren in Russland vier offizielle Feiertage vorgesehen, an denen man nicht zur Arbeit gehen musste: der 7. November, der 31. Dezember, der 8. März und der 1. Mai. An diesen Tagen, so vermute ich, wurde in der Sowjetunion tonnenweise Cholodez gekocht. Eine der wichtigsten Eigenschaften dieser Spezialität war, dass sie mit der Zeit immer besser wurde. Deswegen wurde sie gleich auf Vorrat zubereitet, damit immer genug übrig blieb. Auf diese Weise half Cholodez der Bevölkerung, die freudlosen Perioden zwischen den Feiertagen vom 7. November bis zum 31. Dezember und vom 8. März bis zum 1. Mai zu überbrücken.

Es gab natürlich auch andere Gerichte in der Sowjetunion, und bestimmt hat man zu den gleichen Feiertagen im Kreml etwas anderes gegessen: Pelmenis mit Kaviarfüllung? In rosa Butter gebratene Amseln? Oder einen besonders festen kommunistischen Partei-Cholodez? Wir wurden allerdings nie eingeladen – und kochten das Cholodez nach dem alten Rezept meiner Großmutter.

Sie war 1927 aus Odessa nach Moskau gekommen und hatte dort meinen Großvater kennen gelernt, der auch aus Odessa stammte. Meine Großmutter wollte in Moskau studieren, heiratete aber stattdessen den Großvater, bekam zwei Töchter und ließ das Studium sausen. Zwischendurch arbeitete sie als Köchin in einem Café. Während des Krieges wurde die Familie nach Samarkand evakuiert, und mein Großvater ging an die Front. In Mittelasien nützten die Kochkünste meiner Großmutter wenig. Es fehlten beinahe alle Zutaten. Jede Familie bekam zweihundert Gramm Brot pro Person am Tag, es gab außerdem Tee aus Mohrrüben und Rosinen statt Zucker. Drei für jeden.

Nach dem Krieg kehrten die Frauen nach Moskau zurück. Mein Großvater war in der Panzerschlacht von Kursk als Kavallerist gefallen, und so blieb meine Großmutter mit den beiden Töchtern allein. In der Nachkriegszeit, wenn es besonders eng wurde, halfen ihr die alten Rezepte aus Odessa, die Familie zu ernähren. Die Fähigkeit meiner Großmutter, aus dem Nichts etwas Essbares zu zaubern, rief sogar bei den Nachbarn Bewunderung hervor. Nichts schien meiner Großmutter unmöglich zu sein. Sie konnte aus altem Brot eine Torte backen, aus Mohrrüben eine Konfitüre kochen, und aus Zwiebeln, Mehl und Fischköpfen wurde gefilter Fisch. Natürlich wollte meine Großmutter ihre wertvollen Erfahrungen an die nächste Generation weitergeben und forderte ihre Töchter auf, in der Küche mitzumachen.

»Schau genau hin«, sagte sie zu meiner Mutter, damals ein zwanzigjähriges Mädchen. »Du wirst sehen, es gibt kein schlechtes Essen, es gibt nur unfähige Köche!«

Meine Mutter wollte aber damals natürlich nicht hinschauen, sie war an den Kocherfahrungen ihrer Mutter überhaupt nicht interessiert. Sie trug ihre Haare kurz, hatte zehnmal im Kino den Film *Die Heldentat des Kundschafters* gesehen und den Agententhriller *Wer sind Sie, Dr. Sorge?*, basierend auf einer wahren Geschichte über einen sowjetischen Spion in Nazi-Japan, der verhaftet und schrecklich gequält wurde, seine wahre Identität aber nicht preisgab. Außerdem las meine Mutter jede Nacht französische Abenteuerromane und hatte klare Karrierepläne, die weit weg von der Küche meiner Großmutter lagen. Am liebsten wollte sie im Bereich Abwehr/Spionage irgendwo in Südfrankreich tätig sein, statt irgendwelche Fische zu kochen.

Später begeisterte sie sich für Ballett und Biochemie, noch später wollte sie Dolmetscherin werden, studierte Maschinenbau und spielte in der Mannschaft ihres Instituts Schach. Erst als sie ihre eigene Familie gegründet hatte und in eine eigene Wohnung gezogen war, wurde sie mit dem Kochen konfrontiert: Mein Vater und ich spielten zwar auch gerne Schach, wollten aber zugleich auch ständig ernährt werden. Und da tauchten plötzlich wie aus dem Nichts die alten Rezepte auf, die wahrscheinlich die ganze Zeit irgendwo im Unterbewusstsein meiner Mutter auf den richtigen Augenblick gewartet hatten. Allen voran das Rezept für Cholodez. Mein Vater und ich waren begeistert, obwohl meine Großmutter bei jedem Besuch darauf hinwies, dass unsere Mutter dabei alles falsch machte. Doch mir schmeckt es bis heute so am besten.

Ich habe das Rezept aufgeschrieben. Cholodez wird folgendermaßen zubereitet:

Man kauft ein paar untere Extremitäten irgendeines Tieres, am besten sind in Deutschland die so genannten Eisbeine von Schweinen geeignet. Dann werden die Knochen zerhackt, gewaschen und mit wenig Wasser sieben bis acht Stunden auf sehr kleiner Flamme gekocht. Nach vier Stunden werden zwei ungeschälte Zwiebeln dazugegeben, damit das Gericht die richtige goldene Farbe bekommt. Und nach sechs Stunden werden noch Lorbeerblätter und etwas Salz hinzugefügt. Danach muss das Cholodez auf Raumtemperatur abkühlen. Die obere Fettkruste und die Zwiebeln werden dann entfernt und weggeworfen. Die Bouillon wird durch ein Sieb abgegossen, das Fleisch vom Knochen getrennt und zerkleinert. Schließlich werden zwei Knoblauchzehen zerkleinert und zum Fleisch gegeben. Danach wird es auf einem flachen Teller mit Bouillon übergossen. Zuletzt werden noch zwei hart gekochte Eier in Scheiben geschnitten und oben auf dem Cholodez verteilt. Dann stellt man das Ganze über Nacht in den Kühlschrank und wartet, bis es richtig fest wird.

# Anlage III

## Wodka

Sollte jemand auf die Idee kommen, ein Weltkochbuch zu schreiben, wird er mit einer Menge Klischees konfrontiert. Jedes Kind weiß inzwischen, dass die Italiener keinen Tag ohne Nudeln aushalten, Franzosen keinen Frosch an sich vorbeispringen lassen können und Deutsche ohne Kebap sofort verhungern. In dieser Vorurteilsgastronomie haben meine Landsleute keinen schlechten Stand. Mit Kaviar und Pelmenis beweisen sie einen feinen und etwas ausgefallenen Geschmack. Nur leider stimmen die Vorurteile mit der Realität nicht überein. Kaviar ist nicht nur im KaDeWe, sondern auch in Russland ein teurer Spaß. Und auch Pelmenis, eine einfache Teigware mit allerlei Füllungen, kommen seltener als Wurst oder Nudeln auf den Tisch. Die eigentliche Esskultur in Russland ist eine Trinkkultur. Das einzige Gericht, das dem weit verbreiteten Klischee über die Russen und deren nationaler Küche entspricht, ist der Wodka, der in Russland tatsächlich oft als Hauptspeise behandelt wird. Eine der ersten Anekdoten, die ich darüber in meiner Kindheit gehört habe, war die, wie zwei Männer in einem Restaurant einen Liter Wodka bestellen.

»Möchten die Herren auch etwas zu essen?«, fragt der Kellner.

»Den lieben Wodka würden wir auch gerne essen«, antworten seine Gäste.

Einiges in der russischen Geschichte deutet darauf hin, dass diese Anekdote kein bloßer Witz ist. Wenn man den Geschichtsbüchern glauben darf, sind die ersten Kochrezepte in Russland im elften Jahrhundert aufgetaucht. In ihnen ging es darum, wie man Chleb (dunkles Roggenbrot) backt und Kascha (Perlgraupenbrei) kocht. Dazu aßen die Russen damals Pilze und Beeren, ab und zu auch Fleisch, jedoch nach der Christianisierung Russlands immer weniger, weil fast jeder zweite Tag zum Fastentag erklärt wurde. Zur gleichen Zeit wird aber der Schnaps immer öfter erwähnt, den man damals aus demselben Getreide wie Roggenbrot und Kascha herstellte. Aus den alten Chroniken des elften Jahrhunderts geht bereits hervor, dass der Bau vieler Städte in Russland mit einer Schnapsbrennerei begann, um für die richtige Stimmung bei den Ansiedlern zu sorgen. Der selbst gebrannte Schnaps hieß zu jener Zeit noch nicht Wodka, sondern Brotwein, Kochwein oder einfach nur Wein. Doch dieser Wein hatte schon damals einen großen Einfluss auf die Bevölkerung und die Entwicklung der russischen nationalen Küche.

Zu Zeiten der Tatarenherrschaft kamen sehr viele Tataren und Mongolen nach Russland. Sie aßen Pferdefleisch, gegrillte Hamster und tranken Tee. Dank dieser einfachen, aber kalorienreichen Ernährung konnten die Horden des Dschingis Khan im dreizehnten Jahrhundert in kürzester Zeit große Territorien unter ihre Kontrolle bringen. In Russland wurden die Horden mit Brotwein konfrontiert, woraufhin sie sich unter bis heute nicht ganz geklärten Umständen wie von selbst auflösten. Ein Teil der Horde ritt mit dem neuen Rezept nach Hause zurück, die anderen blieben für immer in der russischen Steppe hängen. Sie gründeten die autonome Republik Tatarstan, die es heute noch gibt. Auf jeden Fall waren sie als militärische Bedrohung nicht mehr ernst zu nehmen. Dafür übernahmen die Russen das Teetrinken von ihnen.

Ein paar Jahrhunderte später griff die französische Armee Russland an. Der Erste Vaterländische Krieg machte die Vorzüge der russischen nationalen Küche noch einmal deutlich: Die gut bewaffneten und organisierten Franzosen, die sich von kalorienreichen Omeletts und Koteletts ernährten, waren im harten russischen Winter den bäuerlichen Partisanen nicht gewachsen, die sich hauptsächlich von hochprozentigem Selbstgebranntem und Tee ernährten. Sie froren nicht, sondern schwitzten. Mit Äxten und Mistgabeln bewaffnet, verdroschen sie die Franzosen als eine Art Trinkvergnügen zum Wodka, der damals immer noch Wein hieß. Napoleon musste fliehen. Er hatte die russische Küche unterschätzt. Sie wurde aber durch dieses geschichtliche Abenteuer erneut bereichert: Champagner und Kognak haben sich seit der Zeit in Russland fest etabliert.

Das zwanzigste Jahrhundert brachte die Große Oktoberrevolution und damit erneut eine Bereicherung der russischen Küche. Die Rezepte kamen nun von überall: Pfefferschnaps aus der Ukraine, Reisschnaps aus Usbekistan, Tschatscha – ein Weintraubenschnaps – aus Armenien und Fischschnaps aus Jakutien. Aber auch der Wodka, der zu diesem Zeitpunkt nicht mehr Wein hieß, entwickelte sich immer weiter. Geruchlos, farblos und geschmacklos sollte er sein. Und niemals weniger als vierzig Umdrehungen (Prozent) haben. Die Intellektuellen tranken gern den Wodka »Russischer Einfall«. Davon gab es zwei Sorten – »Der helle Einfall« und »Der dunkle Einfall«. Die Arbeiter tranken den

»Hau rein« und den »Schluckauf«. Mit Lenin kam der merkwürdige dreißigprozentige Bolschewiken-Wodka »Neusegen« auf den Markt. Woraus die Kommunisten ihn brannten, ist nicht genau bekannt. Unter Stalin verlor der Schnaps alle Namen und hieß nur noch bescheiden »Wodka«.

Die letzten Regierungschefs der Sowjetunion sahen in dem Nationalgetränk eine große Gefahr für die Zukunft des Landes. Nicht der anstrengende, sich hinschleppende Aufbau einer entwickelten sozialistischen Gesellschaft, sondern der Wodka enthusiasmierte die Sowjetbürger. Die Regierungschefs befürchteten, dass der Wodka als Alternative zum Sozialismus die Ideologie vollends abstürzen lassen könnte. Die neueste Geschichte des Landes zeigt, dass sie Recht hatten. Doch damals, in den Achtzigerjahren, hatte die Spitze der Partei dem Alkoholismus noch den totalen Kampf angesagt. Besonders aktiv in diesem Bereich war der letzte Generalsekretär der Sowjetunion, Gorbatschow. Er ließ unter anderem alle Weintraubenplantagen von Georgien über Moldawien bis in die Ukraine vernichten.

Doch der Wodka hat auch diesen Spuk überlebt und den Sozialismus schließlich untergraben. Mit der Entstehung eines freien Marktes stieg die Anzahl der Brennereien und Wodkasorten ins Unermessliche. Dazu wurden noch alle möglichen ausländischen Wodkaerzeugnisse von der russischen nationalen Küche adoptiert, von »Absolut« bis »Zubrovka«. Viele Neukapitalisten wollten schnelles Geld mit billigen Alkoholprodukten machen. Die damit einhergehenden Vergiftungen belegten in den Neunzigerjahren den ersten Platz in der Unfallstatistik. Die Regierung wollte daraufhin das Hauptprodukt der nationalen Küche wieder verstaatlichen und bekämpfte die Schwarzbrenner mit allen Mitteln. Sie erfand die Akzisemarken, die auf jede Flasche des echten Wodkas geklebt werden sollten, und entwickelte spezielle Verschlüsse und Etiketten mit Wasserzeichen. Aber auch die wurden gefälscht. Eine Zeit lang färbten die staatlichen Betriebe aus purer Verzweiflung ihren Wodka, um auf diese Weise die Echtheit zu garantieren. Aber auch hierbei taten die Fälscher es ihnen schnell nach. Auf dem Höhepunkt dieses Wettkampfes um den Markt änderten die Behörden fast jeden Monat die Wodkafarbe. Der echte Grüne stand neben dem echten Blauen oder Gelben, aber die gefälschten sahen genauso aus – keiner wusste mehr, welcher was war. Irgendwann gab der Staat auf.

Inzwischen herrscht auf dem Markt ein Preis-Leistungs-Verhältnis. Den billigen gesundheitsschädigenden Wodka kann man in Drei-Liter-Flaschen auf dem

Schwarzmarkt kaufen. Für die anspruchsvollen Verbraucher werden feinere Sachen teuer angeboten. Wie es sich in der freien Marktwirtschaft gehört, findet sich auf dem russischen Markt für jeden etwas. Es gibt sprechende Wodkaflaschen für Alleintrinker, so wie es im Westen sprechende Teppiche oder Uhren gibt. Eine solche Wodkaflasche beglückt beim Einschenken den Endverbraucher mit einem lustigen Trinkspruch und stößt nach fünfmaligem Kippen die Warnung aus: »Die Flasche ist leer, es muss eine neue besorgt werden.« Auch einen alkoholfreien Wodka namens »Bleib gesund« gibt es inzwischen. Ein Lastwagenfahrer erzählte mir, dass dieser sich gut mit ein paar Bierchen verträgt. Gleichzeitig wird in Russland mit den westlichen Produkten experimentiert. Der gute schwedische »Absolut« ist zum so genannten »Absoluten Absolut« mutiert, der nicht schlechter als das Original schmeckt, aber stärker ist.

Die vielen bereits existierenden Wodkasorten hindern echte Fans allerdings nicht daran, ständig neue, noch nie da gewesene Wodkas zu kreieren. Ein Bekannter von mir, ein Amerikaner, hatte schon 1996 die Idee, den perfektesten Wodka der Welt zu brennen. Zu diesem Zweck kündigte er bei seiner Zeitung in New York, wo er als Journalist tätig war, nahm sein ganzes Geld und fuhr nach Russland, um dort verschiedene Fabriken zu besuchen und Erfahrungen zu sammeln. Sieben Jahre lang hörte man nichts von ihm. Ich hatte ihn schon als Kollateralschaden der russischen Küche abgeschrieben, als er sich plötzlich wieder meldete. Mit Begeisterung erzählte er von seinem neuen Projekt. Er beabsichtigte, in Mexiko den besten Tequila der Welt zu finden. Auf meine Frage, was aus seinem Wodkaprojekt geworden sei, reagierte er komisch.

»Was denn für ein Wodkaprojekt?«, fragte er.

Ich habe ihn nicht weiter gequält, denn aus eigener Erfahrung wusste ich, dass ein dauerhafter Missbrauch der russischen Nationalküche zu einem Filmriss führt. Das wissen auch viele Restaurantinhaber in Russland. Deswegen ist dort das Dessert immer teurer als der Hauptgang und die Vorspeise zusammen. Nach dem mit reichlich Wodka flankierten Essen kann sich nämlich keiner mehr erinnern, ob er tatsächlich dieses merkwürdige Erdbeerapfelpüree für dreihundertfünfzig Rubel bestellt hatte und wie es schmeckte.

## Last Rezept

Eine Flasche guten Wodka drei bis vier Stunden im Kühlschrank aufbewahren. Schwarzbrot, Heringsfilet, Salzgurken und eingelegte Pilze in kleine Stückchen schneiden und auf einem Teller anrichten. Den Wodka kalt aus kleinen Gläsern trinken. Nach dem ersten nichts essen, nach dem zweiten nur Brot nehmen, nach dem dritten ist alles erlaubt.

# Dank

Die Autoren danken für die geistige Unterstützung, die guten Ratschläge, das gemeinsame Kochen und die Verkostung: Katarina Patapeika (Weißrussland), Alik Kasparov (Armenien), Helmut Höge (Sibirien), Jeugenia Kondratück (Ukraine), Tatjana Gura (Südrussland), Eldar (Tatarstan)

# WLADIMIR KAMINER

»Wladimir Kaminer, soviel steht fest,
ist ein großer Gewinn für die deutsche Literatur.«
*Süddeutsche Zeitung*

### Russendisko
Erzählungen · 192 S. · Taschenbuch · Titel-Nr. 54175

### Frische Goldjungs
Hrsg. von Wladimir Kaminer
Erzählungen von Wladimir Kaminer, Falko Hennig, Jochen
Schmidt u.v.a.
192 S. · Taschenbuch · Titel-Nr. 54162

### Militärmusik
Roman · 224 S. · Taschenbuch · Titel-Nr. 45570

### Schönhauser Allee
Erzählungen · 192 S. · Taschenbuch · Titel-Nr. 54168

### Die Reise nach Trulala
Erzählungen · 192 S. · Taschenbuch · Titel-Nr. 45721

### Helden des Alltags
Mit Fotos von Helmut Höge
Erzählungen · 160 S. · Taschenbuch · Titel-Nr. 54214

### Mein deutsches Dschungelbuch
Erzählungen · 256 S. · Taschenbuch · Titel-Nr. 45945

### Ich mache mir Sorgen, Mama
Erzählungen · 256 S. · Taschenbuch · Titel-Nr. 46182

### Karaoke
Erzählungen · 192 S. · geb. Ausgabe · Titel-Nr. 54757

### Küche totalitär: Das Kochbuch des Sozialismus
### von Wladimir und Olga Kaminer
Erzählungen und Rezepte · 224 S. · Taschenbuch · Titel-Nr. 54257

### Ich bin kein Berliner: Ein Reiseführer für faule
### Touristen
Geschichten und Tipps · 256 S. · Klappenbroschur · Titel-Nr. 54240

### Mein Leben im Schrebergarten
ein Schrebergartenroman · 192 S. · geb. Ausgabe · Titel-Nr. 54618

## GOLDMANN VERLAG